La
belleza
de la
locura

CATALINA GALLO

MARIBEL ABELLO BANFI

La *belleza* de la *locura*

Una conversación sobre
el trastorno bipolar

AGUILAR

**Penguin
Random House
Grupo Editorial**

La belleza de la locura

Primera edición Colombia: febrero de 2024
Primera edición en México: noviembre de 2024

D. R. © 2024, Catalina Gallo y Maribel Abello Banfi

D. R. © 2024, de la presente edición en castellano para todo el mundo:
Penguin Random House Grupo Editorial, S. A. S.
Cra. 7 # 75-51, piso 7, Bogotá, Colombia
PBX: (57-1) 743-0700

D. R. © 2024, derechos de edición mundiales en lengua castellana:
Penguin Random House Grupo Editorial, S. A. de C. V.
Blvd. Miguel de Cervantes Saavedra núm. 301, 1er piso,
colonia Granada, alcaldía Miguel Hidalgo, C. P. 11520,
Ciudad de México

penguinlibros.com

D. R. © Penguin Random House Grupo Editorial / Lorena Calderón Suárez, por el diseño de portada
Imágenes de portada:
Marco de flores: © discan, Getty Images
Rueda astrológica: © LadadiArt / Freepik
Mujer haciendo yoga y mano: © Freepik
Sobre: © gstudioimagen1 / Freepik
ADN: © pch.vector / Freepik
Ángel: © mirrima / Freepik

ISBN: 978-607-385-145-9

Impreso en México – *Printed in Mexico*

Bogotá, marzo 6 de 2023

Hola, Mari:

Acabo de colgar la llamada de WhastApp en la que me contaste que has tenido cinco hospitalizaciones por cuenta de tu trastorno bipolar. ¿Entendí bien? La primera vez que conversamos sobre el tema fue hace ya casi seis años, cuando leíste *Mi bipolaridad y sus maremotos,* y me dijiste, con tono de confesión, que te habían internado dos veces, que no te tomabas los medicamentos porque eran para epilépticos y que nuestras mentes estaban afectadas por la astrología. En ese momento pensé que aún no habías asimilado del todo que tienes una enfermedad mental y que no comprendías en qué consiste el trastorno bipolar. Veo que algo has cambiado, porque ahora tomas un medicamento. Pero sigue la pregunta: ¿desde que hablamos la primera vez has tenido tres hospitalizaciones más? Me parece muy doloroso. Lo es, ¿cierto? Nunca me han internado.

Me has dicho dos veces que quieres escribir conmigo sobre nuestros trastornos bipolares y solo puedo decirte, por un lado, que me parece una aventura maravillosa escribir juntas, pero me produce mucho miedo hacerlo sobre la enfermedad mental, porque tenemos miradas muy diferentes.

Siempre he sido muy seria al tratar el tema, tanto en el libro como en todos los eventos que se dieron después de su publicación: charlas, entrevistas, conferencias con pacientes, con familiares y con médicos.

No creo que la enfermedad mental tenga relación con la astrología, como me lo dijiste hace seis años; tampoco con los ángeles, como también me lo comentaste entonces y me lo repetiste hace un rato. Hoy me ratificaste que he mirado el trastorno bipolar desde la ciencia y la razón, y no quiero dejar de hacerlo. Me ha interesado mucho tratar con cuidado y respeto la enfermedad mental, porque somos muchas las personas que hemos sufrido por crisis muy profundas y también muchas las que llevamos vidas productivas y estables gracias a la ciencia, a la medicina, a ser organizadas, a hacerles caso a los médicos y a no creer en pendejadas.

No quiero dar una visión diferente del trastorno bipolar. No creo en fuerzas extrañas ni en espíritus aventureros que nos llevan a la locura; creo, te lo repito, en la ciencia y en la razón. Por eso, cuando me escribiste hace pocos días por WhastApp que querías hablar conmigo para proponerme por segunda vez escribir este libro, lo primero que pensé fue que te diría que no, pero escucharte hoy me ha hecho pensar que tal vez esta es una oportunidad más para llegarles a otros con información correcta sobre el trastorno bipolar.

Siempre he sido muy cuidadosa con las palabras que uso para hablar del tema; por ejemplo, yo no digo que soy bipolar, yo digo que tengo un trastorno bipolar, porque la enfermedad no me define, no es mi esencia, y tú siempre hablas de nosotras como mujeres bipolares. No, no soy bipolar. Soy una mujer con todo lo que esto implica y la bipolaridad es una enfermedad que le sucede a esta mujer.

También hablo siempre desde mi vivencia y desde lo que he leído y aprendido, desde lo que me han enseñado los psiquiatras. Nunca generalizo y siempre aclaro que no soy médica, que no diagnostico y tampoco medico, porque a lo largo de estos seis años que han pasado desde la publicación del libro son muchas las personas que me han buscado para que les dé respuestas y he tratado de ser muy responsable, pues sobre el trastorno bipolar existe demasiada desinformación, demasiados prejuicios e ignorancia, y lo grave de esto es que las personas sufren porque no encuentran los tratamientos adecuados a tiempo.

Por eso debo decirte que escribir y hablar públicamente sobre la enfermedad mental trae grandes responsabilidades y tienes que pensar si estás dispuesta a asumirlas. ¿Qué le vas a decir a alguien cuando te cuente que tiene ideas suicidas o que se ha intentado matar varias veces? ¿Qué le vas a decir a la mamá que te pregunte qué hacer con su hijo que está deprimido y ya no se levanta de la cama ni se baña ni se cambia de ropa desde hace semanas? ¿Qué le vas a decir al padre que te pregunta qué hace porque sabe que necesita hospitalizar a su hijo, pero este lo ha amenazado con no hablarle de nuevo si lo hace? ¿Les dirás que es un karma, que les regalas una carta astral? No, no puedo compartir esas respuestas, no son ciencia, no son la solución. Y en esto debo ser clara, porque preguntas como estas son las que te van a llegar cuando publiques tu libro.

Eres reconocida, muchos te recuerdan como la gran actriz que eres; después de mucho éxito te fuiste del país y volviste con un libro maravilloso hace tres años y con una obra de teatro hace pocos meses, también muy exitosa; has vuelto a aparecer en televisión, tu voz puede ser muy importante y tener mucho eco. ¿Estás preparada para que tus respuestas sobre el trastorno bipolar o las enfermedades mentales les definan la vida a otras personas? ¿Realmente entiendes y aceptas la enfermedad? ¿Qué voz quieres ser?

Sí, la conversación de hoy me dejó estas dudas, pero también me dejó otra cara, entendí que hemos vivido dolores similares, miedos semejantes, que nos habitan fuerzas poderosas cada vez que necesitamos sobrellevar una crisis, y tal vez escribir juntas sea una oportunidad más para luchar contra el estigma hacia la enfermedad mental, que ha sido un propósito en mi vida desde que publiqué el libro. Quiero exprimir al máximo cada conversación sobre el tema para brindar información seria y comprobada.

Por eso el título es un gran desafío. Hace años andas dándole vueltas a la idea de este libro y entonces pensaste que se podría llamar "Las locas"; hoy lo volviste a proponer y te dije que no, porque a muchos enfermos mentales no les gusta que les digan locos y, en mi caso, porque yo tuve momentos de locura y así los llamo en mis charlas y en mi libro, porque la locura es, según el diccionario de la Real Academia, actuar sin juicio y sin razón, y así lo hice. Pero una cosa es estar allí unas semanas y otra cosa es que esta locura se vuelva tu presente infinito. Yo pisé la locura, pero lo que busco con mi testimonio es precisamente contar que uno puede salir de ahí y llevar una vida estable y productiva. Yo busco dar esperanza.

También pronunciaste hoy unas palabras hermosas: "la belleza de la locura". Te comenté que ese puede ser el título del libro, no porque crea que haber estado loca haya sido bello; por el contrario, me pareció horrible, asustador, peligroso para mí y para los demás. Lo que la mente puede hacer en esos estados me produce escalofríos y me intimida. Es como si le pasaran a uno por encima un cepillo de esos metálicos de limpiar asadores: pesado, doloroso, grasiento y en llamas.

Pero me gustó aquello de la belleza de la locura, porque el proceso con mi enfermedad me ha llevado a vivir cosas hermosas que no habrían sido posibles sin ella, como salir del silencio y el enclaustramiento para compartir mi enfermedad con otros, como mirar hacia atrás y descubrir que he podido ser estable hasta hoy, como ser más empática, más humana. Me amo profundamente por haber sido capaz y eso me parece bello. También me parecen hermosos los momentos que he compartido con otros enfermos mentales, momentos llenos de compasión, solidaridad y camaradería. Somos de los mismos. Sería muy lindo poder poner todo esto en palabras en estas cartas.

Lo único que me falta por agregar a todo lo que he escrito hasta aquí es que, si te sirve mi participación en este libro con esta mirada de la enfermedad mental, con comunicaciones en las que tal vez te diga que estás escribiendo basura que solo les hace daño a los pacientes, a sus familiares y a la enfermedad mental, pues bienvenido sea el proyecto. Pero tengo una pregunta final: ¿por qué no escribes el libro sola? Yo feliz de hacerlo juntas, pero piénsalo bien, esta es tu historia con tu trastorno bipolar.

P. D.: Me pediste mis datos para hacerme una carta astral. Te los pasé, pero te aseguro que nada de lo que me digan los astros explica mi trastorno bipolar y mucho menos me ayudará a vivir mejor con mi enfermedad. ¿Tú realmente crees que sí?

*

Querida Cata:

Me pregunto si todavía nos acordaríamos de Van Gogh como gran pintor de paisajes si no se hubiera cortado una oreja en un arranque de locura. En estos tiempos del siglo XXI, se habría tomado una pastilla de Xeroquel para dormir y seguramente habría muerto completito, con ambas orejas, pero tú qué sabes... sin esa pasión que lo llevó a la fama eterna.

Mi compañera de andanzas, creo que estamos superconectadas con dos visiones totalmente opuestas, pero que se unen para una búsqueda, donde quizás no encontremos la verdad absoluta pero sí, ojalá y solo ojalá, una identificación con nuestras experiencias como cada una las ha enfrentado, o evadido. No tenemos todas las respuestas ni para nosotras mismas con respecto a la enfermedad, no las tiene la ciencia, en la que tú ciegamente crees, pero sí podemos prestarnos como ejemplo de cómo hemos buscado vivir lo más estable posible. Pienso que eso es lo válido.

Cuando el lector se acerque al libro podrá ver a dos mujeres que no están impedidas; por el contrario, están creando, relatando historias, investigando, explorando, curioseando, tanteando, comunicando. Y lo mejor de todo: nos tenemos la una a la otra, porque este camino ha sido muy solitario —tal vez lo más pesado ha sido eso—.

Tú eres una gran periodista y escritora —de las mejores de este país— y tienes el valor de la ética en tu profesión y vida. Me encanta esa posición tuya: férrea, racional, aparentemente inamovible y vehemente. No nos vamos a poner de acuerdo porque eso sería muy aburrido, no es lo que la gente necesita, sino todo lo contrario: pensamiento crítico ante algo tan íntimo, real, doloroso, sin juicios. Lo único cierto es que somos libres de decir lo que a bien nos venga en gana, porque la censura es uno de los mayores castigos de esta condición. Por esa razón, hay quienes son forzados a tomar pastillas.

Tu carta me encanta y la mía también, y lo hacemos, se me ocurre, para el que sufre, sea el paciente, los familiares y hasta los mismos psiquiatras.

En mi camino de creadora como actriz, escritora e incluso periodista siempre busco la identificación con el otro. Mi búsqueda es espiritual y en ello me encuentro como pez en el agua. Curiosamente mis episodios empezaron en 2007, cuando decidí dejar la actuación para mudarme de Bogotá a Barranquilla y tener una vida más "balanceada" para criar a mi hijo en un ambiente familiar cerca de mis padres, sus primas, sus tíos, y de eso no me arrepiento, pero sí fue el gran impuesto que me cobró el amor de madre.

La belleza de la locura, como yo lo veo, no tiene como misión subvalorar bajo ningún punto de vista, y menos el científico, el dolor kármico que sufre una persona bipolar cuando se enfrenta a un episodio maniacodepresivo, que incluso la podría llevar al suicidio. No, por Dios. Sugiero, en cambio, que con este libro escarbemos en los caminos subterráneos de la psiquis como también de los elevados del alma. Ese terreno intangible e insondable a donde los humanos tememos llegar, guiados por la magia de la imaginación, el humor —que tú lo tienes bien negro— y, sí, por qué no, los famosos diagnósticos, tratamientos, pastillas, efectos secundarios, medicina alternativa, tradicional, tú lo nombras.

Agradezco aceptes la propuesta indecente de crear un libro en el que dos amigas (Cata y Maribel), quienes se conocieron en los años ochenta en la universidad como estudiantes de comunicación social con énfasis en periodismo, se unan en la escritura para, a través de cartas, contarse la experiencia única de la bipolaridad. Aunque es un solo texto, necesitamos esas cuatro manos, dos corazones y todos los cerebelos junto a la infinitud de espíritus que nos habitan, para contarle al mundo lo que significa *La belleza de la locura*, nombre que, aunque yo lo propuse, fuiste tú quien lo escogió.

Que tengas un buen Día de la Mujer, de nosotras, las mujeres bipolares. Abrazo al cuadrado.

Maribel

~

BOGOTÁ, MARZO 10 DE 2023

Mari:

Escribes de la soledad, de la soledad de la enfermedad mental, que no es como las otras. Pude entender la mía cuando leí esta frase de Carl Jung: "La soledad consiste en no poder comunicar las cosas que a uno le parecen importantes o callar ciertos puntos de vista que otros encuentran inadmisibles". Jung entendió mi silencio: no podía hablar de mi trastorno bipolar y la enfermedad mental es inadmisible para muchos.

Por fortuna mi silencio acabó con la publicación de mi libro sobre el trastorno bipolar. Por eso te animo un poco: es posible que cuando publiques este libro y hables más abiertamente de tu trastorno bipolar, te sientas menos sola, porque habrás encontrado, por fin, tus palabras, y las palabras acompañan.

También mencionas a Van Gogh. Quiero contarte una anécdota. En la preparación de un evento sobre salud mental en Cartagena, estaba presente una psiquiatra que en ese momento trabajaba temas de salud mental con una fundación y dijo que también valía la pena hablar de lo bueno de la locura, como, por ejemplo, Van Gogh. ¿Y a esta qué le pasa?

¿Qué tiene de bueno estar loco?, pensé. Me pareció muy cómoda y egoísta; claro, muy valiosa la obra de Van Gogh para la humanidad, todos estamos felices con su regalo, pero el hombre sufrió desde niño, nunca tuvo reconocimiento en vida como artista y murió sin un centavo, entre altos y bajos, depresiones y manías. Solo vendió un cuadro en vida. ¿Habría elegido su estabilidad frente a la pintura? ¿Los medicamentos le habrían dado el equilibrio necesario para crear en paz o le habrían eliminado la genialidad?

Kay Redfield Jamison es una psicóloga clínica estadounidense que tiene un trastorno bipolar y fue de las primeras personas en hablar públicamente de la enfermedad. Lo hizo en el libro *Una mente inquieta* y, como buena investigadora que es, indagó sobre la relación entre la enfermedad maniacodepresiva, como se le llamaba entonces al trastorno bipolar, y el temperamento artístico. Publicó esta investigación hace muchísimos años en su libro *Marcados con fuego* y encontró que no por tener un trastorno bipolar las personas son más creativas, pero sí existen más personas con enfermedades mentales dentro de los artistas que en otros grupos sociales.

El libro es maravilloso, porque hace seguimiento a la genealogía de varios artistas famosos: escritores, pintores, poetas, músicos, y la enfermedad mental está en sus familias. Esa genética que ni tú ni yo podemos borrar. Entonces, sí, tú eres artista y tienes un trastorno bipolar, pero no por tener una enfermedad mental eres más creativa. Tu arte te pertenece a ti, no a la enfermedad.

Cuando escribí *Las niñas aprendemos en silencio* me sentí transportada a otro espacio mental, como si en mi mente se hubiera creado un nuevo lugar. Me acostaba y me levantaba pensado en el libro, me llegaban palabras de noche cuando no las esperaba, parecía como si el libro se estuviera escribiendo solo. Tuve mucho miedo de enloquecer, pero amaba lo que estaba haciendo y me preguntaba si sería capaz de seguir, si la vida me iba a permitir crear antes de sufrir una crisis. Llamé entonces a una amiga poeta que también tiene un trastorno bipolar y le pregunté si me estaba chiflando, y ella me dijo que estaba en un proceso creativo. Solo fui capaz de hablarlo con ella, con nadie más, ni siquiera con la psiquiatra, porque temía que me dijeran que dejara de escribir porque me iba a enloquecer, y yo no quería detenerme. Me he convertido en la mejor observadora de mi mente y la conozco muy bien; por eso afirmo con total seguridad que mientras escribí ese libro mi mente fue otra, no sé si loca, no sé si hipomaníaca, pero absolutamente hermosa.

Ahora quiero escribir ficción, porque ya no le tengo miedo a volverme loca en el intento. Valdrá la pena asomarse un poco a ese lugar, no mirar la locura de frente, porque entonces perdería la razón y no podría escribir, pero sí dejar libres las palabras para que escriban a su antojo.

Con los años ha disminuido mi miedo a la locura porque los medicamentos y mis cuidados me protegen, aunque el límite entre esta y la razón es una línea demasiado fina. Yo digo que las crisis se cocinan, se van preparando en la olla hasta que estallan. Por eso mi tarea con el trastorno bipolar consiste en mirar siempre la olla y hacer lo que toca hacer para que el agua no hierva, pero el problema es que uno puede tener unos momentos muy lúcidos cuando se acerca a la manía y entonces quiere vivir allí para siempre, pero si no se detiene a tiempo, cruza esa línea invisible y ¡Zas!, llega la locura. El paso definitivo puede ser tan solo un segundo en nuestras vidas.

P. D.: ¿Tienes mi carta astral? Ahora me muero de curiosidad.

*

Querida Cata:

Siempre supe, desde niña, que tenía poderes escondidos, pero no comprendía cuáles eran, ni para qué servían. Creía que tenía dos vidas: la del alma vieja, como si hubiera vivido desde siempre, y la de afuera. Yo siempre me confundía, porque durante mi infancia estuve muy cómoda con la vida mágica, intangible, la que no pedía explicaciones, pero sí me daba certezas. Una vida propia, conmigo misma. Estoy segura de que durante ese tiempo yo meditaba, era un estado cercano a la levitación. No sentía miedo de entrar a ese mundo misterioso. Por el contrario, me abarcaba un amor profundo por Dios.

Leía la Biblia, en secreto. Era un libro inmenso, pesado, con tapa de cuero y páginas doradas, que me inspiraba gran respeto por su aspecto, y en su interior tenía láminas, fotos e ilustraciones que me comprobaban que todo lo leído era histórico y sin duda había sucedido. Interpretaba las parábolas de Jesús y rezaba por las noches al ángel de la guarda con fervor. Nunca hablé con mi hermana B. ni con nadie sobre el misticismo que me rondaba por las noches antes de dormir. En el cuarto que compartíamos nos acompañaba una hermosa Virgen de la que sentía su protección. Mucho después, cuando viví en Florencia, Italia, en mi primera visita a la Galleria degli Uffizi, descubrí que era la famosa *Virgen con el Niño y dos ángeles,* de Fra Filippo Lippi. Una obra del Renacimiento italiano en la cual el gran aporte del pintor fue el sentido humano de su pintura. Dos ángeles elevan al Niño hasta la Virgen, que lo recibe con actitud orante. Igualmente me enteré de que el rostro de María era el de la bella Lucrezia Buti, novicia que el artista raptó durante su tiempo de capellán. Este tipo de madonas de 1400 sirvió de inspiración a Botticelli, quien trabajó en el taller de Lippi en Prato, Toscana. Eran los ochenta del siglo XX y a los diecinueve años ya no creía en Vírgenes ni en la virginidad, pero sí en el arte.

El interés por la teología de mi temprana adolescencia me alejó de los planes típicos de las niñas de mi generación: casarse y tener hijos. Mi sueño era ser azafata y volar por el mundo y de esa manera costearme mi viaje a un kibutz en Israel, para trabajar en los campos de ese desierto fértil gracias al tesón de jóvenes interesados en cambiar el mundo. Quería aprender hebreo, sembrar en la Tierra Prometida y visitar Jerusalén. Nada de eso sucedió. Por el contrario, me torné inquisitiva con la fe que profesaba para la época en que te conocí en la universidad y recuerdo bien nuestra clase de religión, materia exigida en el programa de comunicación social, y al querido profesor jesuita, padre G. J., a quien azotaba con preguntas que muy pocas veces podía responder, para mi satisfacción. Ya la religión católica, según mi parecer, seguía —y sigue siendo— una visión pa triarcal inamovible, donde retumbaba "por mi culpa, por mi culpa, por mi gran culpa, por eso ruego a santa María siempre virgen, a los ángeles y arcángeles...". Confieso que me tomó mucho esfuerzo desaprender lo aprendido en las eucaristías a las cuales gozaba asistir. Mi asignatura favorita, la psicología, que impartía G. R., a quien admiro y estimo, me introdujo al psiquiatra suizo Carl Jung y a sus temas esotéricos como los sueños y la astrología para descifrar y conocer a sus pacientes. Jung es el responsable de utilizar en el psicoanálisis ese "método intuitivo" en el que los doce signos del zodiaco se convierten en un compendio de realidades psíquicas; patrones o modelos psicológicos —arquetipos— que habitan en el inconsciente colectivo. Bajo esa mirada es que me adentro en las fuerzas invisibles que conectan el universo. Parece que esto se aleja de lo científico, pero la física cuántica aborda postulados similares. Jung declaró en 1954 que había podido verificar que determinados estados psicológicos o hechos específicos estaban correlacionados con los tránsitos de los planetas. Caroline Myss, pionera en el campo de la medicina energética, establece en su libro *Contratos sagrados* que las cartas natales son contratos kármicos del alma que "firmamos" antes de nacer. Mi aproximación a la astrología ha sido empírica, pero entre más aprendo de ella, más me convenzo de lo que dice el astrólogo español Lluís Gisbert: "La fuerza que mueve al sol y las estrellas es la misma que anima el alma humana", y eso se me antoja poético.

De chiquita sufrí de depresión, lo que se traducía en creerme una extraterrestre. Pensaba que no era de este planeta, andaba en la luna y era muy fácil para mí divagar

entre el aburrimiento y la tristeza. Jugaba con un revól-
ver imaginario. Jugaba a morirme. Otro tipo de soledad,
la soledad del vacío, pensamientos suicidas que ni sabía
que los estaba viviendo como tal. Hoy en día me diagnos-
ticarían un déficit de atención severo. Como las referencias en tu carta, era el tipo de soledad que idenfica Jung: la
imposibilidad de comunicar. Me reservaba mis emociones
y solo respondía a mi madre lo que ella quería escuchar,
hasta que, para fortuna mía, en grado décimo hoy, y cuarto de bachillerato ayer, apareció mi maestro de filosofia y
letras para rescatarme de ese hoyo negro. Con el español
bien impartido nos introdujo a Khalil Gibran, *El profeta*
y sus diversas interpretaciones. También trajo el teatro y
montamos *Edipo rey* de Sófocles. La lectura de Sócrates
y su "solo sé que nada sé" me alivió y abrió un camino de
felicidad que no había experimentado antes: la felicidad
de la curiosidad, la búsqueda del conocimiento, la conversación como arte. Solo cuando nuestro maestro G. llegó a
revolucionar mi mundo interior, empecé a conectar con
mi madre a través de la música. Ella, a los cuarenta y dos
años, después de pensar que "el techo se le caía encima",
según sus palabras, tomó la decisión de estudiar pedagogía
musical en la Escuela de Bellas Artes. Trabajó como profesora de música en el colegio de donde me gradué. Para
mi último año de estudios montamos en inglés un musical de Broadway, *El violinista en el tejado*. Yo representé a
Tevye, el protagonista, un judío de Anatevka que intenta
mantener su religión y su tradición cultural mientras sus
hijas desean cambiar las reglas para casarse por amor. En
la Rusia imperial de 1905, debe emigrar con su familia a

las Américas por un edicto del zar que expulsa a los judíos de la aldea. La dirección musical estuvo a cargo de mamá, quien nos acompañó en el piano. Creamos una amistad que no teníamos y el arte se hizo presente como proceso sanador emocional. Tú mencionas los genes y, sí, en mi caso era evidente que rondaban problemas mentales en la familia del lado materno. A mi querida abuela A. le aplicaron choques eléctricos cuando estuvo hospitalizada dos veces en los años cincuenta. Ponte a pensar que los electroshocks en el cerebro fueron una de las mayores polémicas de la medicina del siglo XX. Me duele imaginar su sufrimiento sin encontrar verdaderos tratamientos de curación. Nunca la comprendimos como familia y muchas veces la criticamos como si dependiera de ella, y solo de ella, su enfermedad no diagnosticada ni menos tratada correctamente. Rezaba y se sentía culpable hasta del pecado original de nacer. Ahora soy yo quien te pregunta: ¿te parecen justificados los choques eléctricos simplemente porque la medicina de entonces los declaraba "científicamente comprobados"? ¿Qué me dices del Valium, pastillas que hoy en día están mandadas a recoger? Recuerdo de pequeña a mi madre tomando Valium como Mejoral. Muchas generaciones ingirieron medicamentos de la misma manera que creyeron en la religión: sin cuestionar, ciegamente.

P. D.: Necesito un tiempo para analizar tu carta astral.

Abrazo

~

Hola, Mari:

El arte, una constante en tu vida. Las críticas a la psiquiatría, una contante en la historia. Existe una película muy
hermosa, *Nise: el corazón de la locura,* que reúne las dos
constantes. Cuenta la vida de la psiquiatra brasilera Nise de
Silveira, que trabajó en un hospital psiquiátrico y se opuso
a las lobotomías y a los electrochoques, que en ese momento parecían ser la gran solución para acabar con la locura, y
decidió atender a sus pacientes con lo que llamaban terapia
ocupacional, pero lo que ella realmente hizo fue conectar-
los con el arte. Los pacientes comenzaron a pintar y a hacer
esculturas y hubo mejorías increíbles. Para nosotras las mujeres, esta película tiene un momento muy diciente: Nise le
escribe una carta a Jung sobre los avances en su trabajo, y
cuando recibe la respuesta, la carta de Jung está dirigida a
un doctor hombre y no a una psiquiatra mujer…

La película también muestra lo útiles que pueden ser las
mascotas para ciertos pacientes con enfermedades mentales y el desenlace de este episodio es tal vez la crítica más
fuerte a una mirada diferente hacia la enfermedad mental.

Lloré muchísimo cuando terminé de ver la película, es muy dolorosa y hermosa a la vez. La belleza de la locura.

También existe una experiencia valiosísima que empezó en Finlandia llamada diálogo abierto (el documental está en internet), en la que los psiquiatras, psicólogos y demás profesionales de la salud mental atienden a sus pacientes durante su primera crisis psicótica, en caliente, sin medicamentos y en sus casas. Solo los internan si es necesario para evitar que se hagan daño a ellos o a otros, y si este es el caso, son hospitalizaciones muy cortas. Por fortuna, es un método que cada vez gana más espacio en el mundo y ya lo miran con buenos ojos en países como España, Italia, Estados Unidos y en sistemas médicos como el del Reino Unido.

Otra experiencia muy valiosa es la de Cristóbal Colón, un psicólogo español que después de trabajar en un manicomio pensó que este no servía para nada y que lo que realmente dignifica a los seres humanos es el trabajo, por lo cual creó una fábrica de yogures, La Fageda, en Gerona, España, que es totalmente rentable y que les da empleo a enfermos mentales y también los ayuda con vivienda y los transporta de sus casas al trabajo; el negocio es hermosísimo.

Por mi parte les tengo mucho miedo a los choques eléctricos que tú mencionas, y que ahora se llaman terapia electroconvulsiva, porque afectan la memoria. Se usan en casos de depresión extrema y con la persona anestesiada. Existen videos en los que el paciente deprimido está un día totalmente acostado, sin poder moverse, sin hablar, alimentado artificialmente, y después de tres sesiones de esta terapia, la misma persona aparece comiendo por su cuenta, hablando y moviéndose.

En mi caso, como ya te lo he dicho, he tenido la suerte de que los medicamentos realmente me sirven y no me generan efectos secundarios, y uno de estos reguladores del ánimo es precisamente el que dices que es para epilépticos. La verdad es que sirve para ambas cosas. Es probable que en algún momento mi hígado falle, pero estaré tranquila porque he vivido estable. ¿De qué me habría servido un hígado en buen estado viviendo entre manías y depresiones? No, yo prefiero mi estabilidad.

Por eso creo en la ciencia, y también en cuidar mis hábitos, como no tomar alcohol, no consumir drogas, cuidar mi sueño, no trasnochar más de un día, hacer ejercicio y revisar el estrés.

Sí, la ciencia también ha sido dura, se ha equivocado horriblemente con la locura y creo que esto tiene que ver también con lo que entendemos como ser humano. La sociedad ha concebido la razón como aquello que nos define, por lo tanto, cuando no tenemos razón, dejamos de ser humanos y de allí tantas injusticias con aquellos que hemos estado locos o aquellos que se han quedado allí para siempre.

Ahora creo que lo que nos hace humanos es la consciencia, porque es justamente mi consciencia la que observa mi mente. Hay algo más allá de la razón que me permite decirme en el momento justo: estás encaminándote hacia una crisis, tu mente no anda bien, debes pedir ayuda o tomar decisiones.

Supongo que cada vez hay más acercamientos a la consciencia de los seres humanos, pero creo que alrededor de todo esto también se vende mucha basura que hace creer que basta decirte que eres feliz para serlo, porque estamos en la dictadura de la felicidad, justo en la época en que más se está hablando de enfermedad mental y de depresión y ansiedad en niños y jóvenes.

¿Depresión en los niños? Sí, tú misma la viviste, pasaste por allí sin saber que tu vida pendía de un pensamiento alterado por un problema químico en tu cerebro.

También sufren los adolescentes; mi primera depresión solo la vine a entender ahora adulta, empezó como a los trece años y transité por ella casi hasta los quince. Un día todo eso se fue y me dejó con agotamiento emocional. Ya no quería mirarme más hacia dentro, no soportaba bucear un centímetro más en mi intimidad: solo encontraba dolor.

Con esta depresión también comencé a preguntarme por la educación religiosa que había recibido —había estudiado en el colegio del Opus Dei— y por la fe y por ese Dios que no me permitía ser feliz porque era castigador y represor.

Dejé de creer por muchos años, y fíjate, a los cincuenta y cinco años, y con mi gran gusto por la ciencia, he vuelto a tener fe, porque la necesito. Necesito creer y en el proceso he encontrado alegría. Lo único es que debo hacerlo con moderación, pues tiendo a acercarme a los delirios místicos. No sé si eso te pasaba de niña, no sé si esos eran tus poderes extraños, pero, en mi caso, una gota de más de fe, de religión, de oración, de meditación, llámalo como quieras, me puede llevar a una crisis. He llegado a la conclusión de que si de verdad Dios existe y es todo lo que dicen que es, pues entiende mi enfermedad y sabe que tiene que cuidar a su loquita sin que ella tenga que hacer mucho: solo creer.

Un abrazo

*

BARRANQUILLA, MARZO 23 DE 2023

Mi Cata querida:

Hoy Plutón entra en la constelación de Acuario. La última vez de esta posición astrológica fue en el siglo XVIII entre 1778 y 1798. Las referencias históricas de entonces: George Washington pronunció su primer discurso sobre el Estado de la Unión (1790) y Túpac Amaru dirigió una revolución en contra de los colonos españoles en Perú (1780-1783), lo cual ha influido en los movimientos de resistencia en muchos países durante siglos. A nivel personal, Plutón viajará por mi casa doce, la de los sueños y el inconsciente. Según mi propia interpretación, me encontraré impulsada a crear a través de diversas formas de expresión que ya se están manifestando, como, por ejemplo, escribir este libro a cuatro manos y presentar mi obra de teatro *Yo, Meira Delmar, a nadie doy mi soledad* en lugares cercanos y lejanos de Colombia. En esta obra soy la escritora, directora y actriz, y la escritura de otra pieza teatral que reflexiona sobre las malas mujeres, aquellas que no tienen corazón, pero sí sexo, está también en mi agenda. Tal vez pueda surgir un dolor kármico (malinterpretado como bipolaridad) debido a lazos del inconsciente colectivo y nuestra conexión cósmica divina como humanidad; sin embargo, el poder sanador de la creatividad será mi tabla de salvación y mi legado.

El arte es una constante en mi vida, como tú bien dices, y agrego, mi bendición. Mi bendición junto a una gran intuición que me permite entrar en otros mundos —llámalos mentales, psíquicos, espirituales—. Eso suele sucederles a los artistas, generalmente actores, que exponen sus emociones como herramienta de trabajo y después pagan las consecuencias. Habría que estar muy atentos a cómo se sale y se entra en esos procesos sin estrellarse contra una realidad de conceptos que mal manejados llegan a aterrizar en un diagnóstico de bipolaridad. En 2011, Catherine Zeta-Jones admitió públicamente ser bipolar, y te confieso que su declaración, por ser actriz y solo por ser actriz, me dio consuelo, pues me identifiqué con su fragilidad y valentía.

Te comenté en mi primera carta que sufrí el primer episodio maniacodepresivo cuando decidí llevar una rutina más estable —entre comillas— para ofrecerle a mi hijo una crianza con mayor presencia familiar de abuelos, primas, tíos, padre. Nunca pensé que el costo de mudarme de ciudad, dejar los amigos, Bogotá, que tanto amo a pesar de sus falencias, la actuación como profesión y modo de vida, me valdría sudor y lágrimas. Fue una decisión en la que evidentemente me puse en último lugar y prioricé a mi hijo por sobre todas las cosas. Aunque no me arrepiento, la vida me llevó a experimentar lo que nunca imaginé que tendría que vivir, en enero de 2007 en Barranquilla: ser hospitalizada durante al menos una semana en una clínica de reposo. Lo interesante es que cuando estaba ahí no me evaluaba a mí misma, sino que tomaba el rol de periodista o de actriz y me desdoblaba con el personaje Maribel, quien debía estar en reclusión para aprender de otros. Lo mejor que me llevé de toda esta adversidad fueron las conversaciones que tuve con pacientes que sufrían no solo de bipolaridad sino de diagnósticos mucho más difíciles de sobrellevar, como la esquizofrenia, adicciones severas, en fin, historias de otros que me rompían el alma, y por tal razón nunca me consideré una víctima de la situación. Comparaba sus dolores con el mío y me estimaba afortunada de no estar en esos zapatos. Lo tomaba como un campo de verano emocional necesario para dejar mi realidad y simplemente escuchar, observar y ser empática. De esa manera pienso que estaba siendo compasiva conmigo misma. Lógicamente, en todas las ocasiones tuve que tomar un largo recetario de pastillas que, aunque necesarias, a diferencia de ti, me paralizaban, y el depender de otros nunca fue mi opción, de tal manera que a través de los años me propuse buscar soluciones alternativas. Así, el yoga, la meditación y los libros de los doctores Santiago Rojas, Deepak Chopra, Norman Shealy y Caroline Myss me han acompañado en mi vida nómada. Temas polémicos como la regresión, la astrología, el tarot, el oráculo *I Ching*, las runas, la acupuntura, la reflexología y la bioenergética se incluyen en el paquete de navegación para el conocimiento de mi esencia.

Varios episodios me transportaban a niveles de percepción catastróficos, como el fin del mundo, Nostradamus y sus profecías e ideas obsesivas que invadían mi deber ser, y no dormía por varios días. Esa era la peor situación de todas. La incapacidad de dejarme llevar por el sueño. Pensaba que no despertaría, que me quedaría atrapada sin ver un nuevo día, y le tenía pánico a la muerte. Mi gran temor de niña era que mis padres o abuela A. murieran y yo quedara huérfana. Paradójicamente, me embargaba en mi infancia una sensación de abandono y le decía a papá que confesara, de una vez por todas, si era adoptada. Amaba a mi familia, pero me sentía una *outsider*. Sufrí hasta 2015 de pesadillas recurrentes de persecución. Los despertares eran angustiantes y no logré acabar con esos malos sueños por años. Sin embargo, todas estas constantes se diluían cuando representaba a un personaje, en televisión, cine o teatro, y mi realidad física del momento se transportaba a un hotel en Santa Marta, por ejemplo, donde grabábamos todo el día y después íbamos a descansar junto al mar, a hacer ejercicio, salía a cenar con los compañeros de trabajo, y así, un mundo irreal para otros, pero tangible para mí. Claro que no he incluido las vivencias como colombiana en su propio país violento. Uno de los momentos más impactantes fue la bomba que le pusieron al hotel mientras grabábamos una telenovela en el 2002 y mi cuarto desapareció y la cama fue a parar a la cancha de tenis. Suena todo tan simbólico, esa historia pareciera sacada de un buen guion de cine, pero fue parte de nuestra cruda realidad que como colectividad no hemos terminado de asimilar. Todo el mundo me dijo: qué bien que estés viva, eso es lo que importa. El recuerdo se fue a divagar en mi inconsciencia hasta que tuve que identificar mis ataques de pánico en una valoración que me hicieron en el hospital de la Universidad de Virginia, a donde fui por voluntad propia en junio de 2017. Un motivo más para la lista de dolores kármicos por procesar. Me encantaba mi trabajo como actriz, pero la rutina de mi hijo y sus atenciones se limitaban a una llamada por teléfono mientras él también se sentía abandonado por su madre, aunque estuviera muy bien cuidado por mis padres. La niña abandónica dentro de mí entendió el daño que la psiquis de mi hijo sufriría al no tener a su mamá en su diario vivir y fue entonces cuando mi misión de vida cambió. Mi meta fue crear un mundo en el que podría mantenerme económicamente sin trabajar en lo que tanto amaba y dejar atrás un espacio donde recibí respeto y cariño. Nunca les hice duelo a esos treinta años de carrera, solo en este párrafo.

Todo esto lo comparto para explicarte por qué, a mi parecer, el trastorno bipolar no es un destino sino una consecuencia de tomas de decisiones emocionales que me costaron lo que en inglés se llama *breakdowns*, y actualmente escucho el síndrome *burnout*. El término *burnout* (lo traduzco literal, quemada) se me ocurre muy apropiado para explicar lo que a mi parecer y experiencia me sucedió en esas oportunidades en que fui hospitalizada: dos veces en Barranquilla y tres en Virginia, después de mi segundo divorcio y tras decidir quedarme, a los cincuenta años recién cumplidos, en Estados Unidos con mi hijo, a empezar una nueva vida como madre soltera.

Mi hijo y yo teníamos el plan semanal de ir a la librería del pueblo, y alguna vez, de manera mágica, sincrodestino, diría el Dr. Deepak Chopra, abrí al azar una página del libro *Anatomía del espíritu* de la autora Caroline Myss. Fue toda una revelación sobre medicina energética. El nombre me insinuaba que el espíritu podía tener un cuerpo y

ser visto de manera científica. Qué concepto más inno-
vador, moderno, pensé. Lo leí en inglés, y encontré muy
apropiado el lenguaje directo sobre algo tan etéreo, mu-
table, intangible, como la espiritualidad. De inmediato
la empecé a seguir en YouTube y busqué todo lo que pude
sobre ella en internet, con la gran suerte de enterarme
de que en pocos meses daría un seminario de tres días en
la Asociación de Edgar Cayce en Virginia Beach, a cuatro
horas en carro de Lexington, donde yo residía.

La belleza de mi locura en abril del 2015 me instó a inscri-
birme en ese taller de medicina intuitiva. Para entonces mi
padre tenía un cáncer terminal y yo estaba certificándome
como profesora de español con la Secretaría de Educación de
Virginia. La distancia y la imposibilidad de estar presente en
sus últimos días me pasaban factura, pero yo dele que dele,
ignoraba otro duelo más para el que tenía que prepararme.
Muy consciente de la necesidad de buscar otras respuestas
en la medicina no tradicional, a la cual he puesto toda mi fe,
viajé junto a mi hijo hasta Virginia Beach y participé en las
conferencias impartidas por Caroline Myss y el Dr. Norman
Shealy, neurocirujano de la Universidad de Duke y padre de
la medicina holística contemporánea. Al final del encuentro, el Dr. Shealy practicó una regresión colectiva en la que
nos invitaba a que regresáramos a la última muerte que hu-
biéramos vivido. Ese retorno interior fue una relajación co-
mún y corriente en la cual lo único especial aconsejado era
poner atención a las imágenes que se aparecieran para, más
tarde, interpretar los mensajes.

Yo me vi en la sala de una casa de la época del Viejo Oes-
te. Un hombre rudo estaba sentado en un sofá y detrás te-

nía una ventana. Alcanzo a ver que ese hombre tiene una placa de *sheriff* de Virginia, el primer estado de la Unión. La estrella metálica está ubicada en el costado izquierdo de su camisa a cuadros. Al frente de él se encuentra una chimenea inmensa de piedra. De la chimenea emana mucho calor. Una escopeta se asoma por la ventana y le dispara al hombre por la espalda, en el lado izquierdo, y destruye su estrella metálica de *sheriff*. El hombre se levanta y se dirige moribundo hacia la chimenea, pero se desploma. Alcanzo a escuchar el último pensamiento del hombre antes de morir: "Nunca pude conocer el amor de una mujer". Entiendo que el hombre que acaba de fallecer soy yo en otra vida. También me llega la información de que muero porque no quería aceptar corrupción alguna. Cuando el Dr. Shealy nos regresa al aquí y al ahora de la sala de conferencias, pregunta quién quiere pasar al estrado a compartir la experiencia. Yo me aviento sin pensarlo y describo mis imágenes. Mientras hablo, Shealy posa su mano en mi espalda, en el lado izquierdo, donde por muchos años, cada vez que tengo estrés, siento un dolor como una punzada. A continuación, me relajo de forma inmediata y el dolor se va. También interpreto el episodio como la necesidad personal de trabajar en el amor propio, como el primer amor de mi alma; antes era hombre y en esta vida soy mujer. Algo curioso para resaltar: el modo de vestir del Dr. Shealy. Llevaba un sombrero negro de vaquero y un corbatín de cuero con figura metálica, vestuario *western* que lo caracteriza en todas sus presentaciones públicas. A partir de ese momento no volví a sufrir de pesadillas de persecución, ni de ninguna otra clase, y el vivir en Virginia cobró todo sentido. En el 2018 me diagnosticaron un cáncer en la mama izquierda, justo donde localizó el Dr. Shealy mi dolor kármico. En 2019, después de dieciséis quimioterapias, una cirugía y ocho radiaciones, recibí la remisión y el miedo crónico a la muerte se desvaneció.

En 2016, cayó en mis manos tu libro *Mi bipolaridad y sus maremotos*. Lo trajo de Bogotá nuestra compañera de estudios y gran amiga M., quien tuvo la delicadeza de regalarme un ejemplar con tu dedicatoria. Con M. no solo estudiamos juntas sino que creamos una amistad de por vida. Ella estuvo presente desde que llegué a Washington D. C., donde vive con su esposo, C. Ambos me acompañaron y apoyaron en una aventura matrimonial que no tuvo final feliz y que también me desgastó sobremanera. Todos mis episodios eran una sobrecarga de responsabilidades y por ende culpabilidades, la mayoría relacionadas con conceptos errados que impone la sociedad sobre la femineidad, que me quedaban grandes, pero ante los cuales puse el pecho, literalmente, sin rechistar. Me sentía orgullosa de mi mal vista resiliencia, cuyo único propósito claro era negarme —el lujo de— enfermarme y, sobre todo, curarme. Me llegó entonces el cáncer de la mama izquierda, pero, comparado con la bipolaridad, como alguna vez te comenté entre risas, fue una bicoca.

Maribel

~

BOGOTÁ, ABRIL 10 DE 2023

Hola, Mari:

Muy dolorosas tus historias: el cáncer, las hospitalizaciones, la cercanía de la muerte, pero también muy estimulante tu búsqueda. No has descansado; imagino que no lo harás hasta que logres sentirte en paz.

Yo hoy me siento en paz. Mis búsquedas psicológicas estuvieron por el psicoanálisis, la terapia con psicóloga por varios años, un psiquiatra que me limpió el alma y la mente de una cantidad de basura que había inventado para explicar mi vida y después los psiquiatras que me han atendido el trastorno bipolar.

Pero también rondé por las constelaciones familiares, las respiraciones holotrópicas, las meditaciones de Wayne Dyer, la homeopatía, y no solo nada de esto me sirvió, o pues muy poco, sino que muchas de estas experiencias me generaron crisis o estuvieron cerca de hacerlo.

Para mí la definición del trastorno bipolar es mucho más sencilla que las vueltas que me parece que le das tú: es tan solo un problema químico en el cerebro que, sumado a otros factores, genera oscilaciones del estado de ánimo que van desde la depresión y el suicido hasta la manía y la locura. Mi tarea, entonces, es tratar de vivir en equilibrio.

Muchos médicos tradicionales y terapeutas alternativos coinciden en que quienes tenemos un trastorno bipolar no debemos hacer regresiones porque podemos tener una crisis, y a mí, personalmente, con esta vida me basta. Sí, creo que es posible que existan otras y que vengamos a cada una de ellas a aprender, con una misión para el alma, pero saber eso no me sirve de nada en términos prácticos para vivir mejor el aquí y el ahora.

Porque, en últimas, no creo que exista una explicación para todo, por el contrario, creo que la vida es, por definición, incertidumbre, y solo cuando aceptamos esto nos convertimos verdaderamente en adultos. Por eso asumo que hay y habrá una cantidad de hechos de mi vida que jamás lograré explicar, que sencillamente quedarán vacíos. Tal vez por eso he llegado a creer que sí es muy probable que haya un algo superior que conozca la explicación de todo esto, pero es claro que yo nunca la voy a tener.

Con esta aceptación de la vida ha llegado mi paz y con ella un manejo de la enfermedad centrado en lo físico: medicamentos para el cerebro, ejercicio para el cerebro, buen sueño para el cerebro. No sé cómo logras dormir de día y vivir de noche, me han explicado los médicos que eso es muy nocivo para el trastorno bipolar, de hecho, cuando me he acostado tarde dos noches seguidas, al siguiente día estoy muy mal: ansiosa, no puedo pensar, me siento agotada, sin energía, con pensamientos tristes y frustración. Todo suena al inicio de una depresión.

¿Mis emociones? El cuidado de mi cerebro ayuda a regularlas. Sí, no siempre es tan fácil aceptar que nuestro cuerpo lo maneja todo, que aquello que creemos más íntimo, que nos hace sentirnos tan vivos, como son el amor, la tristeza, la alegría, la rabia, la euforia, también depende de nuestra estabilidad mental, de cómo está funcionando la química de nuestro cerebro. Los seres humanos podemos ser muy complejos, pero también muy simples. Podemos mirarnos como queramos.

Para cuidar mi estabilidad también me alejo por completo del estrés, leo, escribo, ahora estoy intentando poesía y ha sido fascinante buscar las palabras precisas y las frases cortas, me ha encantado. Y tengo claro que no soy la mujer que todo lo puede: mi casa es un desorden completo porque no estoy dispuesta a pelear con nadie por el orden, cada cual hace lo que puede, no sé cocinar, cocina mi esposo, me río mucho con él, y entiendo que en las cosas sencillas del día a día encuentro mi bienestar. No manejo porque me estresa mucho, así que uso transporte público. Si tengo unos kilos de más, pues ya los bajaré cuando no esté estresada, porque las dietas pueden generar angustia. Y así he ido quitando de mi vida cosas grandes y pequeñas que me pueden alterar, para entregarles mi sistema nervioso a los problemas reales que trae la vida, como las dificultades económicas, los dolores emocionales y físicos de los hijos, una amiga que deja de serlo, el cáncer de una persona que uno quiere. Nada de eso lo puedo controlar, pero puedo estar preparada en mi salud mental para enfrentarlo.

Como verás, después de tantas búsquedas las pocas respuestas las he encontrado en mi propia existencia y esto ha hecho que dentro de mí crezcan las raíces de un mundo interior que considero hermoso. Amo leer, amo escribir, cada vez hablo menos y escucho más, estudio, aprendo, hago ejercicio, ahora estoy nadando, comprendo, y entre todo eso se me pasan los días. Me gusta cantidades estar conmigo.

Son muchos los momentos en que me siento plena y en gran parte esto se lo debo a los aprendizajes que me ha dejado vivir con un trastorno bipolar, no por las crisis, no por los días en que me despierto sin futuro, tampoco por las mañanas en que aprieto la mandíbula y los dientes porque tengo ansiedad. Las enseñanzas han sido porque perder la cabeza me llevó a preguntarme realmente quién soy yo, cuál es mi esencia, y como respuesta encontré entre la paja aquello que realmente necesito como ser humano para sentirme completa y alegre: desde una cama y un techo hasta el alimento y los abrazos de mis hijos. Me gusta la palabra *alegría*, mucho más que la palabra *felicidad*. Podemos tener dolores profundos en el alma y aun así estar alegres. Que eso sea posible es algo que me gusta de la vida y de la humanidad.

Una vez me preguntaste por qué no me había hospitalizado después de que salí a la calle creyendo que me había muerto, que era un espíritu, y fui dejando la ropa en los andenes. La verdad desconozco la respuesta, sencillamente el psiquiatra que me atendió habló conmigo, me formuló los medicamentos y consideró que podía pasar los días de mi bajonazo a la realidad en mi casa, con mi familia. Estoy segura de que con su profesionalismo consideró que yo no era un peligro para mí misma ni para los demás. Esa fue la

vez que me enloquecí y he logrado lo que me propuse entonces: hacer todo lo que esté en mis manos, basada en la
ciencia, para intentar no repetirlo.

Un abrazo,

Cata

*

Querida Cata:

Como te he comentado en cartas anteriores, no me considero víctima de ninguna enfermedad. Simplemente las tomo como obstáculos que se presentan para ser superados, con suerte. Cada hospitalización me ha traído una experiencia única que expande mi visión. No las quiero repetir, pero si las tengo que vivir porque un médico considera que debo hacerlo, lo acepto y me guardo lo mejor de la situación.

Me preguntas si no he descansado. ¿Descansado de qué? No entiendo ese concepto de muchos —no digo que sea el tuyo— que consideran que en la vida la felicidad es carecer de problemas. Mi búsqueda es constante porque la creatividad es lo que me da para vivir y es la forma como gozo mi existencia; búsqueda donde encuentro paz en el día a día, en la meditación diaria, al disfrutar de un almuerzo con mi madre o cuando estoy con mi hijo y mi familia, al escribir este libro, que si me sorprende hasta las tres de la mañana no paro y duermo después, cuando me coja el sueño. Así es y ha sido mi vida. Bastante en el aquí y el ahora, porque es donde sé vivir, aunque sin fecha ni calendario.

Entiendo que la estabilidad en la que vives y tu trabajo diario —léase de día— te exigen que duermas como todo el mundo. Yo, en cambio, nunca he tenido un horario semejante porque cuando hago teatro, por ejemplo, empiezo mi rutina a las cuatro de la tarde y termino alrededor de las once de la noche. Televisión y cine también requieren de horarios al azar, dependiendo del guion. Ahora de escritora, con más razón me gusta trabajar de noche, porque así nadie me molesta. De día es la bulla de todo lo que a mí personalmente no me ofrece ni cinco de equilibrio, empezando por el sonido horrendo del tráfico de Barranquilla, donde estoy residiendo. Es así como la belleza de mi locura trae hasta el horario ¡al revés!

Al escribir este libro, he tomado la decisión de ponerme al frente y compartir las experiencias más dolorosas, precisamente porque espero que personas que sufren de depresión, ansiedad o bipolaridad, e incluso cáncer, encuentren un poco de identificación y entiendan que aquí no estamos disfrazando nada. Si bien son situaciones difíciles, intento escudriñarlas con humor y encontrar cierta alegría en nuestras historias. La idea de ambas es ponernos de ejemplo, porque de otra manera no valdría la pena tocar un tema tan delicado y tan poco comprendido por la gente como es la salud mental. ¿Estás de acuerdo? Te animo a que en alguna próxima carta nos regales a mí y a nuestros lectores una de tus experiencias sobre constelaciones familiares. No deseches esa vivencia que, a pesar de juzgarla sin contemplación, al considerar que poco o nada te ha servido, a otras personas les podría ser útil para conocer más a fondo el tema.

P. D.: Ya estoy analizando tu carta astral. Eres mmmuuyyy mental; tienes el sol y el ascendente en Géminis —mucho aire— y la luna en Cáncer. El planeta está en su signo, excelente para equilibrar las emociones. Una de las posiciones que me llaman la atención es tu Saturno en Aries y la luna negra también. Aries rige la cabeza.

Abrazo

~

Hola, Mari:

Creo que ha llegado mi momento de bajar las armas. Me cuentas que según mi carta astral soy muy mental y en estos escritos, es cierto, solo ha estado presente mi razón. Ahora abriré mis emociones y mi corazón. Me duele profundamente verte de crisis en crisis, siempre he imaginado que las hospitalizaciones son horribles, me gustaría que no volvieras a pasar por esas. Para mí, no haber estado internada es como si me dijera a mí misma: no estuviste tan loca. A pesar de creerme muerta, espíritu, desnudarme en la calle, tirarme a los carros, escuchar voces en mi mente, la no hospitalización es para mí como un aliciente. Es como si me hubieran dicho: no te fuiste del todo, logramos recuperarte a pesar de todo. Es un gran alivio, por eso saber que has estado internada cinco veces me produce un profundo dolor, sobre todo porque creo que con dormir de noche y tomar medicamentos estarías a salvo.

Cuando los médicos me preguntan cuántas veces he estado hospitalizada por el trastorno bipolar, respondo con mucho orgullo que ninguna. ¿Se da cuenta, doctor? No estoy tan loca como usted pensó que estaba.

Además, las investigaciones dicen que el cerebro sí se deteriora con las crisis y no quiero verte sin tu capacidad mental, sin tu risa, sin tu creatividad, dentro de unos años.

Alguna vez me dijiste que los medicamentos significan para ti un fracaso, para mí son un triunfo, porque me permiten vivir bien y no creo que sean una dependencia, como los defines tú; somos como los pacientes que toman pastillas para la tensión alta.

Mi corazón y mi curiosidad también quieren saber más de mi carta astral, qué es todo eso de la luna negra. Me has explicado que para ti la astrología permite llegar al inconsciente, y ese es precisamente mi problema: cada vez que he estado en alguna terapia o actividad alternativa para llegar a él me ha ido muy mal, como si lo mejor fuera no meterme más con este individuo. Algunas veces he pensado que mi inconsciente no sabe cómo salir y por eso me enloquezco, por eso ya no quiero presionarlo más.

Precisamente las constelaciones familiares son una forma de llegar a esta zona escondida de nosotros. Su teoría sostiene que existen unos órdenes del amor y cuando estos se alteran surgen problemas; la constelación, entonces, trata de devolverle este orden al amor. Uno de esos órdenes es que todos deben ser reconocidos por el sistema familiar, vivos y muertos, y que cuando alguien ha sido rechazado en una generación puede afectar a otro familiar en las siguientes, por eso las constelaciones también sostienen que existen cargas generacionales: algo que sucedió en una familia hace muchos años, sobre todo si es un secreto o una exclusión, puede afectar a algún miembro en el presente.

Ese es un breve resumen para entender lo que sigue. Llegué a las constelaciones hace muchísimos años, cuando no estaban de moda, por curiosidad periodística. Un día estaba en un consultorio, la terapeuta tenía un libro sobre el tema, leí apartes, pregunté mucho, y supe la noticia de que Bert Hellinger, su creador, venía a Colombia por primera vez; encontré a los organizadores y me invitaron a una constelación para que realmente conociera de qué se trataba.

La idea es que quien va a constelar plantea su duda y luego selecciona dentro de los asistentes a quienes van a representar a las personas relacionadas con la consulta. También se hace con fichas y quien constela selecciona dentro de estas cuál representa a quién. Al final, todo lo que sucede en esa constelación, con personas o fichas, te muestra un problema y una posible resolución, pero no siempre positiva; a veces solo toca aceptar el destino. La teoría dice que lo que sucede allí lo entiende el alma, no necesariamente la razón.

Esta constelación a la que me invitaron era con personas. Quien constelaba era una joven y me escogió como su mamá. Todos los asistentes estábamos sentados en sillas en un círculo y cuando ella me seleccionó, me ubicó en un lugar dentro del círculo. Cuando llegué a mi puesto comencé a sentir un amor muy profundo por esa niña, como si fuera realmente su madre. La constelación siguió, nos movieron, sentimos cosas y en algún momento una persona fue escogida para representar a un bebé abortado. Este bebé quedó en el piso acostado a mi lado, sentí mucho frío y no encontré una posición cómoda hasta cuando este bebé quedó entre mis piernas.

Todo terminó, al final hicieron un ejercicio para desligarnos de los papales que habíamos representado y nos pidieron a todos decir algo. Yo comenté que agradecía mucho haber sentido tanto amor por alguien. Cuando caminaba hacia mi casa solo pensaba en mi mamá y en todo lo que me había amado. Le di las gracias. Para ese momento ella ya estaba muerta, no podía darle un abrazo.

A la mañana siguiente, cuando me desperté, lo primero que hice fue decirle a mi marido: nosotros no tuvimos dos hijos, tuvimos tres. Entre los embarazos de mis dos hijos, tuvimos una pérdida, y asumo que con esta constelación le di un lugar en el sistema familiar a esta hija que no nació, porque tengo la certeza de que era una niña. Fue un aborto espontáneo a las muy pocas semanas del embarazo.

Me parecieron maravillosas las constelaciones, mi esposo asistió a varias, y yo las promocioné como la gran solución para muchos problemas; algunas personas dijeron que les había servido, otras que no.

En ese entonces mi diagnóstico era solo de depresión, todavía no me había chiflado, por lo tanto, no se hablaba de trastorno bipolar, poque hay que pasar de un lado a otro de las emociones para que realmente te diagnostiquen.

Con el tiempo decidí que constelaría mi depresión. Fui con la misma consteladora a la que había ido como periodista, escogí a alguien que me representara y a alguien que representara la depresión. Cuando ubiqué a mi otra yo frente a la depresión, comenzó a escurrirse hasta que se acomodó en posición fetal. La depresión se quedó quieta todo el tiempo. La consteladora ubicó a otra persona junto a mi Catalina fetal, que también se acomodó a su lado en la misma posición. Después me pidió escoger a los representantes de mi papá y de mi mamá; así lo hice, y los acomodé juntos. La consteladora me preguntó si mis papás se habían quebrado y si nunca se habían podido recuperar; le respondí que sí, y me dijo: "Tenían antecedentes". No pregunté nada. Algo pasó, no recuerdo qué, pero la que hacía de mi mamá tumbó a mi papá al piso. En la vida real mi mamá se murió un diciembre, a los ocho meses murió mi papá y yo siempre he creído que ella se lo llevó.

Ya con ellos muertos en la constelación, la Catalina que me representaba se levantó con quien tenía a su lado, las dos personas cogidas de la mano; la consteladora las llevó a un espejo donde se miraron y me dijo que yo había tenido un mellizo o gemelo. Después quitó a ese supuesto gemelo, quedó solo Catalina mirándose al espejo, me puso en su lugar y me dijo que ahora sería solo yo. Después me llevó hasta la persona que representaba la depresión, me dijo que le expresara lo que sentía, hablé y la depresión solo se rio de mí.

Quedé convencida de que en algún momento dentro del vientre de mi madre estuvimos dos.

Dos días antes de que tuviera la crisis grande, estuve en una constelación con mi esposo, no recuerdo quién iba a constelar, pero la que me representó a mí, apenas la pusieron dentro del círculo y me miró de frente, salió corriendo, huyendo de mí, sintió pánico, yo quise abrazarla para calmarla y no se dejó. No recuerdo cómo terminó todo, pero yo solo sentía que tenía que irme de ahí. Esto era jueves. El viernes llamé muy temprano a mi psiquiatra a decirle que me estaba disociando, ya me había pasado y ahora sabía reconocerlo; tenía cita el lunes con él, y me dijo que esperáramos a ese día. Ese domingo, Domingo de Ramos, creí que estaba muerta y ya sabes lo que pasó. Cuando llegué el lunes al psiquiatra, me comentó que no tenía con frecuencia pacientes que pudieran reconocer a tiempo eso que me estaba pasando.

Después leí que una constelación mal hecha puede generar estados psicóticos, pero en este caso, ahora que lo veo en perspectiva y que conozco la enfermedad, creo que venía mal de atrás, pero que esa constelación fue la gota que rebosó la copa. Me recomendaron no hacer más constelaciones con personas, entonces intenté con fichas con un psicólogo maravilloso. Hicimos varias constelaciones. Para mejorar mi trabajo: me despidieron. Para definir por qué nuestros problemas económicos no se resuelven: seguimos sin plata.

Sí, todo muy espectacular, todo muy impresionante, y al final qué, ¿para qué me ha servido todo esto como tan sorprendente y como si fuera de brujas? Para nada. Nada ha cambiado en mi vida. ¿Me tengo miedo a mí misma? ¿Y qué hago con eso? ¿Y si existió ese gemelo, de qué me sirve?

Podemos hacer una interpretación, que como buena interpretación puede no ser cierta. La verdadera enfermedad no era la depresión, es el trastorno bipolar, por eso estuve representada en la constelación por dos personas y no por una. A mi mamá en algunas consultas esotéricas le habían dicho que había tenido cuatro hijos, sus tres mujeres y un hombre. Las tres hijas nos reíamos porque ese niño no existió, pero cuando yo estaba en el vientre de mi mamá, ellos esperaban un hijo hombre, y eso me pudo afectar. Ya volveremos sobre ese punto. Para mí, lo único que me sirvió de todo esto fue reconocer a mi bebé que no nació.

Tal vez para tus gustos, te parecerán más interesantes las respiraciones holotrópicas. Espero ser capaz de explicarte esto. Te hacen hiperventilar durante mucho rato con los ojos tapados con una venda, en un ambiente seguro, y como en ese estado, por así decirlo, cambia la química de tu cerebro, comienzan a pasar imágenes por tu mente, y esto, dicen quienes lo explican, altera el estado de tu consciencia y llegas a lugares de tu inconsciente muy profundos. Era un seminario de tres días que combinaba estas respiraciones con teoría del eneagrama. Bueno, pues en una de esas respiraciones salió muy del fondo de una parte de mi cuerpo, que aún no conozco, una voz grave cuando me preguntaron algo, no recuerdo qué, y yo respondí: soy mujer.

Luego, en otra respiración, en la que nos moríamos simbólicamente, yo estaba en mi mente llenando una tumba con tierra y tenía que acabar pronto, porque solo cuando lograra enterrar todo el miedo se iría la locura. Terminé a tiempo. Cuando fui a este seminario solo tenía diagnóstico de depresión y se suponía que iba a llegar al fondo para encontrar la raíz y sanar.

Y en la última respiración, que era sobre el nacimiento, dentro del vientre de mi madre le decía que la iba a sorprender, porque yo no era un niño, sino una mujer, y tenía el don de la palabra. ¿Lo unes con la constelación y el niño? Solo es intuición, de eso se trata todo esto, es la forma en que se expresa el inconsciente, que tiene su propia forma de hablar.

Bueno, terminó este taller y a los cinco días estaba haciendo locuras, fue mi primera crisis, muy asustadora, el psiquiatra me recetó un antipsicótico que me hizo pasar de la felicidad al dolor emocional más profundo, al llanto, al desarraigo y a la vergüenza, en tan solo cinco días. Lo peor que he sentido desde que me diagnosticaron con una enfermedad mental.

Ahora soy consciente de que mis papás querían un hijo, eso tal vez me afectó para no sentirme querida al ciento por ciento, pero siempre me he sentido orgullosa de ser mujer y jamás dudé de que mis papás realmente me amaron. Pero bueno, podemos abonarle algo a todo esto porque ambas sabemos que el inconsciente es otra cosa. Pero en últimas, nada de todo esto me quitó la depresión, ambas experiencias me llevaron a crisis, literalmente me enloquecieron. ¿Entonces?

Después supe que a quienes tenemos una enfermedad mental como esquizofrenia o trastorno bipolar no nos recomiendan estas respiraciones actualmente, y hago énfasis en actualmente porque este trabajo de las respiraciones holotrópicas lo empezó Stanislav Grof, un investigador que estaba experimentando con LSD para ayudar a pacientes esquizofrénicos. Comprobó que después de un "viaje", los enfermos se sentían mejor. Pero entonces llegó la guerra contra las drogas que declaró Nixon y prohibieron todas las investigaciones con hongos y alucinógenos para tratar traumas y enfermedades mentales, entonces Grof encontró que hiperventilar genera efectos parecidos y así siguió con sus experimentos. Desconozco sus resultados.

Hace poco en Estados Unidos volvieron a hacer experimentos con hongos y alucinógenos para ayudar a las personas y han logrado, con microdosis de psilocibina, sustancia presente en los hongos alucinógenos, tratar la depresión, y ciertos pacientes han hecho "viajes" con drogas en espacios controlados y con médicos, y muchos han superado traumas muy fuertes de abuso, maltrato infantil, etc., o han salido de la depresión.

Hay un documental en Netflix muy interesante que se llama *Cómo cambiar tu mente,* que cuenta sobre estos trabajos. También existe una película que encuentras en internet, *La sabiduría del trauma,* sobre el doctor Gabor Maté, experto en trauma y adicciones, que muestra a uno de sus pacientes en un "viaje", así como la forma de hacer terapia de este doctor, muy rápida, distinta a los años y años acostados en un diván. Esta película es hermosa, y por supuesto está la serie turca, también de Netflix, *Mi otra yo,* que no es documental, y ha puesto a hablar de las constelaciones familiares en muchos países del mundo, y el libro que menciona la serie es un *best seller.* El problema con las constelaciones, además, es que ahora cualquier persona se entrena y se mete sin experiencia en el inconsciente de los demás, y para mí eso es un problema, por eso creo que es mejor hacerlas con psicólogos.

Y ya que menciono a Netflix, te recomiendo una película muy divertida sobre el trastorno bipolar, es española, se llama *Loco por ella.* En medio de la comedia, se dicen un montón de frases y se presentan hechos muy serios y profundos sobe la enfermedad mental.

Seguro me dirás después de leer todo esto: ¿Sí ves? Lo alternativo sirve. Y yo te respondo: Probaré hongos y alucinógenos cuando después de todas las investigaciones concluyan qué dosis sirven, después de que eso se haya probado lo suficiente y tenga resultados medibles: ciencia y razón. Pero, sobre todo, que sea algo alternativo que sirva realmente para el trastorno bipolar, que no es lo mismo que una depresión, y hasta el momento todo lo que están ensayando es para esta enfermedad y para verdaderos traumas psicológicos, pero no para quienes tenemos un trastorno bipolar.

También están haciendo unas investigaciones muy interesantes sobre los efectos de la microbiota en la depresión y la ansiedad. Te lo voy a explicar en mis palabras, espero que ni un psiquiatra ni un médico se ofendan con mi simplificación. Resulta que nuestro intestino está lleno de bichitos, montones, millones, dicen. Parece ser que determinada combinación de bichos o falta de ciertos bichos puede generar depresión porque producimos menos serotonina, que es una de las cosas que pasan en la depresión; por lo tanto, según lo que comamos, podemos darle a nuestro cuerpo muchos mejores bichos, porque todos llegan con los alimentos, y nuestra dieta puede ayudar a combatir la depresión, tal vez a curarla.

Otros estudios que están haciendo son sobre el papel de las mitocondrias en las enfermedades mentales, pero eso es ya otro capítulo.

Creo que me he extendido demasiado, pero todo esto es para reafirmarte que después de tantas cosas alternativas, creo en la psiquiatría tradicional, en seguir unos buenos hábitos de sueño y de ejercicio, y soy muy amiga de una buena terapia; hablar con alguien sensato siempre será un gran apoyo. Pero también me informo sobre los nuevos estudios científicos. Te explico: busqué respuestas porque me sentía ansiosa, angustiada, con miedos y también por curiosidad, pero concluí que todo se reduce a que tengo un problema químico en mi cerebro que me hace sentir emociones que no son reales, que son síntomas de mi enfermedad, y haber logrado diferenciarlas de las que sí son mías es lo que me ha permitido entender que no tengo ningún trauma ni ningún problema psicológico. Por eso no busco más, por eso hablo de descansar, no de llevar una vida sin problemas, sino de dejar de buscar. Ese es mi descanso.

Cata

*

Cata querida:

Si tú supieras que muchas mujeres vamos a entenderte cuando escribes de una pérdida. Y es como *El acontecimiento* de la nobel Annie Ernaux, que acabo de leer. El drama del aborto, la odisea que sufrió en 1963 —el año en que yo nací—, de los que finalmente pudo escribir en 1999. Le tomó casi cuatro décadas para hacer catarsis. Es duro narrar lo que yo llamo la herida kármica de ser mujer, acontecimiento que puede llevar a cualquiera a la depresión, a la ansiedad, y ¿a quién decirle? La mayoría, como Ernaux en su historia, están —estábamos— solas. Ella explica el paso a paso de la vigilancia al cuerpo de las mujeres, a la que la humanidad nos somete sin misericordia. Es una vergüenza pensar que en el transcurso del siglo XXI estemos retrocediendo tanto en el terreno legal como en el de la solidaridad femenina, que, si acaso, se manifiesta en la clandestinidad.

Hablas de la pérdida que sufriste y describes cómo esa constelación familiar te ubicó en tu presente, como mamá de dos hijos que pudieron ser tres. Te proyectaste en el espíritu de tu madre, quien *pudo* haber tenido un aborto o una pérdida como tú, pero nunca lo sabrás. Se me ocurre que la vivencia te liberó, a ti y a tu sistema familiar, de ese trauma inconsciente que ambas, tal vez, compartieron en vida, pero jamás lo hablaron. Aunque ella ya no se encuentre en este plano astral, le diste alas a su alma. ¿Por qué requieres de evidencia objetiva sobre un asunto tan insondable? La pérdida te aproximó al imaginario espiritual para cerrar un capítulo kármico con tu familia, en especial con tu madre. Te creo cuando dices que sentiste lo mucho que te amó al salir de la sesión. Sin duda escogió una manera muy peculiar de hacértelo saber, en plena calle. El aborto o pérdida —espontánea o inducida— es una cuestión de la que no hablamos como sociedad ni en voz baja, y menos en diálogo interno. Secreto inescrutable al que no se le hace duelo. A mí me sucedió: un embarazo ectópico y extracción del óvulo izquierdo. Todo al mismo tiempo; zas, pum, pam y fuera... *Next*. No me atrevo a seguir adelante, es de los asuntos que nunca traté, ni siquiera en mis incontables terapias de psicoanálisis.

Busco en internet "Profamilia": organización privada sin ánimo de lucro que promueve el respeto y el ejercicio de los derechos sexuales y reproductivos en Colombia. Cierro mis ojos y recuerdo dos visitas que hice. Mi ginecólogo me indicó a dónde ir y me instruyó que llamara antes para sacar cita. No me hicieron preguntas aparte de los datos básicos de identificación. Agradecí el silencio. Mi recuerdo es vago. Ni siquiera me acuerdo si pagué, ni cuánto. De igual forma tuvo que ser un precio en extremo módico. Para ambas oportunidades apenas contaba con muy pocas semanas de embarazo. Me viene a la mente la enfermera que me dio indicaciones a seguir para después del "raspado". Regresé sola a casa en la nebulosa de la anestesia clandestina, delincuencial. La segunda vez se lo confié a mi amiga C. Pienso en esos dos espíritus que alguna vez me habitaron.

Abro al azar el libro de Ernaux y leo:

"Nos encontramos las dos en mi habitación. Yo sentada en la cama con el feto entre las piernas. No sabemos qué hacer. Le digo a O. que hay que cortar el cordón. Toma unas tijeras, no sabemos por qué lugar hay que cortar, pero lo hace. Miramos el feto. Tiene un cuerpo minúsculo y una gran cabeza. Bajo los párpados transparentes, los ojos parecen dos manchas azules. Parece una muñeca india. Le miramos el sexo. Nos parece ver el comienzo de un pene. Así que he sido capaz de fabricar esto. O. se sienta en el taburete. Llora. Lloramos en silencio. Es una escena que no tiene nombre en la que la vida y la muerte se dan la mano. Es una escena de sacrificio.

"No sabemos qué hacer con el feto. O. va a buscar a su dormitorio una bolsa de galletas vacía y lo mete dentro. Voy hasta el cuarto de baño con la bolsa. Pesa como si llevara una piedra dentro. Vuelco la bolsa encima del retrete. Tiro la cadena.

"En Japón, los abortos reciben el nombre de *mizuko*, 'los niños del agua'".

¿Crees que mis tres niños de agua me perdonaron algún día? Ninguna ciencia me lo asegura, pero yo sé que sí.

Hola, Mari:

La maternidad: tan espiritual como visceral. Tu hijo crece dentro de ti, se alimenta de ti, le huele a ti, te escucha a ti. Uno es su todo. Nueve meses y el resto de tu vida unido a ti por tus entrañas. Mira esto tan hermoso, las dos definiciones de *entrañas*, según la RAE. La primera: "Conjunto de órganos situados en el interior del tronco o del cráneo del ser humano o de un animal". Mis hijos crecieron dentro de mi tronco. Muy visceral. Y la segunda definición: "Parte más importante o esencial de una cosa". Muy espiritual.

Tal vez por esto creo que si me hubieran diagnosticado el trastorno bipolar antes de ser madre no habría tenido a mis hijos, porque yo no quiero que hereden la posibilidad de esta enfermedad, pero ellos ya existen y sus vidas me llenan de presente, porque cuando los tengo a mi lado siento el amor que doy; de pasado, porque cuando me dijeron en los partos: "¡Pare! ¡Pare!, no puje más, ya salió", sentí plenitud; y también son futuro, porque me imagino como una anciana serena que les dio a sus hijos lo mejor que tuvo.

Los partos, a pesar de lo dolorosos, me dejaron un gran regalo relacionado con lo que mencionas en tu carta sobre la vigilancia que la sociedad impone sobre el cuerpo femenino. Con las contracciones descubrí la perfección de mi cuerpo y desde entonces mi relación con él cambió, porque me parece que es una de las mejores demostraciones de la sabiduría de la naturaleza, y eso ya nadie me lo puede arrebatar.

Hemos escrito mucho sobre esos momentos en los que nuestra mente se desborda hacia arriba, no tanto de las depresiones y la ansiedad, y ya que estoy escribiendo de partos agradezco que jamás tuve depresión posparto. Dejé los antidepresivos para embarazarme y para lactar, pero sí tuve ataques de pánico en los embarazos y yo solo pensaba en el daño que les hacía a mis hijos con esos veinte minutos de miedo que se apoderaban de mi cuerpo y mi razón. Ya con mis hijos más crecidos, cuando me diagnosticaron, siempre tuve miedo de hacerles algo malo, sin intención por supuesto, durante una crisis por mi trastorno bipolar, por eso creo que la búsqueda de mi estabilidad es también un compromiso con ellos.

Sé que los demás también sufren con las depresiones y las manías de nosotros y durante mucho tiempo me generó angustia causarles dolor a las personas que más quiero, diferentes a mis hijos. Esto se fue cuando vi la película *Loco por ella*, que te recomendé. La protagonista tiene un trastorno bipolar y le dice a su novio: "Yo no tengo por qué salvarte a ti de mí".

Pero los dolores de los hijos son diferentes. Conozco mujeres con esta enfermedad que son madres, pero no han encontrado los medicamentos que les ayuden a estar equilibradas. Una de ellas es madre de dos adolescentes y me ha comentado varias veces su dolor por haberse perdido momentos importantes de la vida de sus hijos. Los medicamentos no les funcionan por igual a todos los pacientes. Ahora existe un examen que ayuda a saber, según tu genética, cuáles te pueden servir. Lo están utilizando con enfermos mentales para equilibrarlos lo más pronto posible, porque ese es parte del problema, que mientras encuentran los remedios indicados, la persona sufre una crisis tras otra.

Las mujeres, además, tenemos que sumar otro ingrediente a nuestros cambios emocionales: las hormonas, que contribuyeron a mi depresión en la adolescencia y que hubieran podido generar otra en la menopausia; por fortuna tuve una psiquiatra que me remitió a tiempo a un ginecólogo especializado en el tema, me formuló un reemplazo hormonal y no tuve depresión. Lo que sí afectó mi estado de ánimo fue la pandemia. El encierro, el miedo, la disminución del trabajo, no hacer ejercicio, acabaron con mi deseo del mañana y me llenaron de insignificancia, dos pensamientos y sensaciones, porque son ambas cosas a la vez, que me invadieron en dos ocasiones por tiempos cortos.

En ese momento mis hijos ya eran adultos, podía contarles lo que me estaba pasando. Ahora sé que ellos están a salvo de mí… Mucho ha pasado desde que supe que estaban naciendo dentro de mí y en ese mucho cada día me quiero más por ser mujer.

Cata

P. D.: Tus niños de agua están a salvo en tu corazón, y es allí donde importa.

Estimada Cata:

Como te habrás dado cuenta, ha pasado casi un mes desde que escribí la última vez. La razón es que fui hospitalizada por tres semanas en el mismo centro donde estuve internada la primera ocasión en el año 2007. La manía me tomó por sorpresa. Lo peor de todo es que no sé cuándo estoy en un episodio, solo sucede. Esta vez mi madre me cuenta que me dio por hacerle un video a Petro sobre una nevera blanca y vacía. Aunque pareciera un *show* de comedia, mi hermano Jaime me llevó sin previo aviso, modo emboscada, y me dejó en ese sitio al que no le tengo mucho afecto. Una de las razones de mi prevención es la forma como te fuerzan para que te quedes: cuatro enfermeras me tomaron, se encaramaron encima de mí y me amarraron a la cama amenazando que lo harían cuantas veces quisieran ellas. Les advertí que lo que hacían era ilegal y que las demandaría si volvía a suceder. Al parecer vieron mi furia y convicción de tal manera que dejaron su actitud agresiva y grosera.

La belleza de este encierro es que llegas a conocer gente de diversas edades, generaciones —aunque yo era una de las mayores, ups—, y multipolares con grandes historias. Algunas de esas personas, generalmente con intentos de suicidio, profundas, geniales, vulnerables. Ante estas situaciones solo me mantengo en silencio, recibo la información y desde el fondo de mi corazón quisiera ser un ángel para esa persona. Conocí también a una chica muy joven, pero tan alegre que no hubo momentos de tristeza en ese tiempo. Permití que la psiquiatra que me asignaron nivelara de manera muy minuciosa la medicación para tomar de ahora en adelante.

Fueron tres semanas en que mi hijo, mi madre, mi hermana y mis hermanos me arroparon. Al salir también recibí la bella noticia de que el árbol de la vida de la familia Abello Banfi había crecido con el nacimiento de nuestra sobrina nieta, Victoria, hija de mi sobrino Simón y de su esposa, Ana María. Mientras la ciencia nos ayuda a sobrevivir a esta enfermedad que tanto nos afecta, la naturaleza sigue su bello curso de traer a este planeta seres que transformarán el mundo.

Salí hace tres días y me siento estable, como tú con tanta sencillez lo has sabido explicar. Tal vez me ha tomado la escritura de este libro y nuestro debate para entender que el tiempo es el mejor proceso de sanación. Te estimo y respeto enormemente. Gracias por regalarme esa luz al final del túnel.

Abrazo,

Maribel

~

Entrañable Mari:

Sí pensé con tu silencio que habías tenido una crisis. Tú alcanzaste a decirme que no te sentías muy bien y luego no supe más de ti. Esperé con calma tu regreso.

Lloré cuando leí tu carta y ahora que escribo se me aguan los ojos, admiro profundamente cómo logras unir la esencia de la vida al escribir de tu dolor y a la vez del nacimiento de tu sobrina nieta. Es precioso.

Me duele tu crisis, me duele que tengas que pasar por algo como que te amarren a una cama y también me duele nuestra enfermedad. Recordé con angustia mis chifladas, como las llamo yo, y también lo vulnerables que somos. Sentí mucho miedo de que algo así se repita en tu vida o en la mía. Tal vez estamos siempre caminando por el borde.

Me alegra que la médica se haya tomado el tiempo de estudiar las medicinas justas para ti y ojalá encuentres buen acompañamiento psiquiátrico ahora que estás ya en tu casa. Dicen que en las clínicas lo sacan a uno cuando ya no va a hacer locuras, pero siempre necesitamos seguimiento.

No tengo más palabras. Solo unas lágrimas que se asoman y un abrazo que ojalá alcance para rodearte el alma.

Catalina

*

Estimada Cata:

Pareciera que tu última carta fuera el final del libro, pero todo lo contrario, es el principio del fin de un estado desconocido. Después de esta última escena me siento fuerte, desafiante y agradecida con el universo. Hoy es luna negra de Tauro. Significa un nuevo gran comienzo y, en mi caso, la alegría de encontrar la esencia de la bendición del planeta Venus en su sombra, que rige lo femenino, las artes, las finanzas, los cinco sentidos. Todo lo que sembremos en este periodo va a tener una gran prosperidad y nos conectará con nuestro propio poder: un poderoso portal de energía que podemos utilizar para manifestar y crear una nueva visión para nuestras vidas. Con esto deseo explicarte que no hay espacio para el miedo, simplemente no existe. Ahora las áreas de comprensión se abren para entender mejor el porqué estamos en esta Tierra y de qué manera positiva podemos expresar nuestro deber ser, partiendo desde el plexo solar que fortalece nuestro estómago y sistema digestivo, ayudándonos a asimilar no solo los nutrientes que tomamos, sino también la energía que ingerimos y procesamos.

Como este cielo y sus planetas son para todos, te convido, una palabra que amo y que solía decir mi abuela paterna D., a que no tengas miedo de volar con temas esotéricos que pueden ayudarte a ser más feliz, como ya lo haces con la escritura o la poesía.

Una vez te prometí, y últimamente me lo pediste, estudiar tu carta natal. La primera información que quiero que entiendas es esta: tienes sol en Géminis, luna en Cáncer y ascendente en Géminis. Géminis es el signo de la comunicación, los viajes cortos, los hermanos y hermanas. Con el sol en Géminis, que es tu identidad, el deseo de expresión propia y la curiosidad es lo que más te interesa. Tienes algunos aspectos que te hacen sabotear tus propios logros cuando todo está bien y cuestionas mucho dejando que el miedo te invada. Tu sol se encuentra en la casa doce, la última de todas, que es también la de las prisiones, hospitalizaciones, monasterios, y en el lado de luz, la meditación, empatía y entrega a los demás. La astrología, como los asuntos mundanos, nos muestra la luz y la sombra. Es importante entender que los astros inclinan, pero no necesariamente obligan. Sin embargo, pienso que la información que uno pueda tener de las estrellas nos puede guiar en comprender un poco más de esas sombras que no tienen real explicación en el diario vivir. Debes convencerte de que eres creativa, ambiciosa y en constante cambio. Las estrellas te dicen que no dudes de tu camino de escritora, tienes al León en la segunda casa y a Júpiter en la tercera —la de Géminis—. Algo muy positivo es tu séptima casa, que la tienes en Sagitario. Esta casa es la de contratos kármicos, negocios y también matrimonios. ¿Adivina quién es Sagitario? ¡Pues yo! Otra indicación más de que este proyecto va por buen camino.

La luna en Cáncer es una buena posición y está como en casa. Muy sensible, fantaseas y tienes una cara tan expresiva que parece que pensaras en voz alta. El mundo te afecta profundamente y a la vez eres tímida, prudente y emocional. Tus sentimientos son muy visibles para demostrar a otros. Eres impaciente, lo mismo que una cuidadora y nutricionista de emociones. Te gusta escuchar, aunque muchas veces interrumpas por la emoción que te proporciona el intercambio de ideas. *"Piano, piano si va lontano"*, decía mi abuela A., y tú eres de ese pensar.

Por último, como consejo personal, busca la meditación como una manera regular de encontrarte a ti misma. Está bien que hagas deporte y descargues toda tu energía física en la natación, pero la meditación, el *reiki*, la acupuntura, son herramientas de sabiduría oriental milenaria que nos ayudan a entender la naturaleza de nuestro cuerpo y, por ende, el intelecto. La búsqueda nunca se acaba, pero se expande.

Abrazo,

Maribel

〜

Hola, Mari:

Me ha encantado esta última carta, no entiendo muchas cosas que escribes, como eso de que "tu sol se encuentra en la casa doce, la última de todas, que es también la de las prisiones, hospitalizaciones, monasterios", no sé si esto quiere decir que puedo terminar presa o que tiendo a enclaustrarme, pero me alegra mucho la idea de que debo confiar en mi escritura y en mi creatividad.

También escribes del miedo, el miedo que no está en este momento de tu vida y para el que no hay lugar por la posición de los astros, y el miedo con el que yo estropeo mis logros. Hasta antes de leer tu carta siempre había creído que el miedo era uno de mis grandes enemigos, pero ahora que te leo entiendo que justamente gracias al miedo he encontrado mi estabilidad mental. Siento tanto miedo de volver a enloquecerme que hago lo que sea para evitarlo. Siento pánico de volver a perder mi cabeza y eso ha hecho que viva como vivo. Fue el miedo el que me llevó a alejarme de las noticias, fue el miedo el que me llevó a cuidar mi sueño, a tomarme mis medicamentos, a hacer ejercicio, etc.

Sí, es el miedo el que se convierte en ansiedad, es la ansiedad la que me puede generar una crisis y es una crisis la que me puede llevar al suicidio o a la locura, pero es también el miedo el que me ha salvado de estas dos cosas. Hoy, por primera vez, le doy gracias al miedo por haberme acompañado desde que nací.

A veces he pensado, si existe la reencarnación, que vine a esta vida a enfrentar miedos y ahí voy poco a poco con cada uno de ellos, tanto que, como te expliqué, en las constelaciones familiares y en las respiraciones holotrópicas apareció que le tengo miedo a mi propia fuerza, me tengo miedo a mí misma. Esto me ha hecho pensar, cuando me acerco a los temas que te gustan, que en la vida anterior me pude haber suicidado y por eso nací con ese miedo. Cuando pienso en esto me río, porque imagino que lo más probable es que en esa otra vida haya compartido manicomio con más de una amiga que en esta ha tenido depresión, ataques de pánico, trastorno bipolar, esquizofrenia, etc. Teníamos que reencontrarnos para finalizar el karma. He compartido momentos importantes de mi vida con muchas loquitas y la conexión ha sido rápida con muchas de ellas, como si nos encontráramos en la mitad de una historia y encajáramos muy bien en lo que se va contando. No hemos necesitado saber lo que ha pasado antes; con un poco de conversación, la honestidad y la intimidad han llegado muy pronto.

Me escribes en tu carta que no tienes miedo y lo escribes muy feliz, se lee muy feliz. Ahora entiendo que más allá de nuestras diferencias emocionales, racionales o esotéricas, hay una muy de fondo que nos hace enfrentar el

trastorno bipolar de maneras tan opuestas: tú no le tienes miedo a la enfermedad, yo sí, y eso cambia todo. Tú
crees que debes enfrentarla. Yo creo que debo evitarla.
Jamás me he fiado de ella y jamás lo haré.

Catalina

✳

Barranquilla, mayo 24 de 2023

Estimada Cata:

Hablas de la reencarnación como si fuera una posibilidad y yo creo que sí lo es. En 2022 se conmemoraron los cien años del nacimiento de la poeta barranquillera Olga Isabel Chams Eljach, mejor conocida como Meira Delmar. A fines de ese año le escribí una conversación espiritual que dice así:

> Barranquilla, diciembre de 1998: qué alegría que hayas aceptado ser mi tutora para la investigación que deseo hacer con el Fondo Mixto de Cultura sobre la historia de nuestra ciudad bajo el ojo femenino. Ya la aprobaron. Gracias.

> Barranquilla, enero de 1999: estoy acabando mi psicoanalisis con la doctora C. E., quien me incentivó a entender mi lado femenino. La investigación va viento en popa y mis deseos de ser madre se han aclarado.

> Cartagena, diciembre 30 de 1999: conocí a G. en mayo y hoy nos casamos en la casa Puyana. La boda estuvo muy bella y

celebraremos tres días seguidos también el inicio de año, siglo y milenio, el 31 de diciembre en el Museo Naval y el 1 de enero del 2000 en Tierra Bomba, en el yate La Primicia del periódico *El Universal*. Tengo tres meses de embarazo de mi pequeño saltamontes.

Bogotá, mayo de 2001: después de acabar con la investigación, estoy buscando la publicación de las historias de mujeres. Presenté siete historias como monólogos a un concurso que exigía pseudónimo. El mío era María Cayena. Un gran cronista, A. S. R., era uno de los jurados y me hizo una crítica muy positiva, pero no quedé. Algo escuché de que en este tipo de concursos buscaban crónicas de sicarios y no de "señoras".

Barranquilla, marzo de 2009: hoy partiste de esta Tierra y al frente de tu féretro te prometí que de alguna manera publicaría el libro.

Charlottesville, agosto de 2017: por recomendación de mi madre retomé las historias del libro y le añadí la de la actriz y cantante Linda Falquez. Cerraré el libro con mi historia, incluyendo lo que ha sucedido aquí, en Charlottesville, este 12 de agosto, que es ya un hecho histórico en EE. UU. y también en el mundo. El libro se llamará *Hasta ahora te creo: Más de un siglo de mujeres, inmigración y amor*.

Barranquilla, agosto de 2019: acabo de llegar de mi última quimioterapia. Fueron dieciséis. Solo pienso en que si me voy a morir dejaré el libro como un legado más... estoy un poco dramática. Recibí la llamada de J. S., editor de Aguilar en Penguin Random House, para confirmar que esa casa editorial publicará mi texto. Me asegura que ahora se leen mucho las historias de mujeres. A. S. R. aceptó escribir el prólogo. Estoy muy agradecida.

Cartagena, enero de 2020: el libro se lanzó en La Cueva, en Barranquilla, y he sido invitada a hablar como autora en el Hay Festival, junto a la gran poeta canadiense Dionne Brand y la periodista Ingrid Bejerman.

Lexington, junio de 2020: un oso se me ha aparecido en el jardín de la finca donde estoy aislada con mi amiga Joy. En marzo regresé a Charlottesville y de repente el mundo se puso en modo supervivencia por una pandemia llamada covid-19. Muchas personas queridas murieron. Todo fue aislamiento, depresión, prohibición. Una lección colectiva que apenas ahora estamos entendiendo. Todavía estamos en transición, la naturaleza florece. El planeta se paró. El mundo cambió de la presencialidad a la virtualidad. Quién lo hubiera pensado. Me dije a mí misma que si nos íbamos a morir todos, preferiría hacerlo al lado de mi hijo, que está trabajando acá.

Charlottesville, 2021: el 6 de enero vi por televisión la toma del Congreso por parte de los supremacistas blancos y la negación del resultado de las elecciones por parte del Partido Republicano, y sentí que todos estábamos en peligro. Unos días después mi hijo decidió llevarme a la clínica de la Universidad de Virginia y de allí me remitieron a una clínica de nombre Edward Snowden. Como ya había visto la película de Oliver Stone, pregunté si lo conocería y, por supuesto, con mayor razón, quisieron recluirme. Entre los que me acompañaban, algunos estaban junto a un policía 24-7. Por primera vez me asusté y, cuando salí, sentí que los medicamentos que debía tomar no me hacían bien. Un día llegó un juez y dictaminó que yo era bipolar. No sé si ese dictamen signifique que me darán dinero por la incapacidad.

Charlottesville, mayo de 2021: ya tengo las dos vacunas que nos pusieron en CVS. Mis queridas amigas D. y M. me fueron a visitar y despedir. En junio viajaré a Barranquilla para el matrimonio de P. y L., que será en julio.

Barranquilla, julio de 2021: tanto mi hijo como yo decidimos quedarnos en Colombia. Dejamos la casa atrás. Me duele inmensamente dejar las cosas, pero cuesta mucho traerlas de vuelta. No quiero ni pensar. Descargar la carga, minucias de años, volver a mi ciudad natal y convivir con mamá. Una bella prueba de la vida, intercambio de cosas por corazones. La pandemia todavía exige mascarillas, distanciamiento, en fin, un cambio social drástico y poco amoroso.

Barranquilla, noviembre de 2021: llegó C. a dirigir La Cueva y sugiere hacerte un homenaje por tus cien años en 2022. Se me ocurre una obra teatral basada en el texto "El gran impuesto de la poesía", que escribí para el libro *Hasta ahora te creo*.

Barranquilla, diciembre de 2022: la actriz y amiga Alejandra Borrero me invitó con la obra al Festival Internacional de Bogotá 2022 y estrenamos en el Teatro Arlequín *Yo, Meira Delmar, a nadie doy mi soledad*. Todo el año estuvimos de gira, incluso en Abu Dabi y Dubái. Tradujeron la obra al árabe y con gran orgullo cerramos en el encuentro de poetas en Cereté.

Cata querida, después de estos ires y venires, les pregunté a varias amigas de Meira que si ella creía en la reencarnación. Ellas no lo sabían, pero yo insistí en la búsqueda de una respuesta, que tuve la fortuna de encontrar en un libro que se publicó por su centenario: *Poesía selecta & 25 elogios*.

Me lo hicieron llegar como un regalo y lo abrí al azar. La suerte me mostró la página 225. Es parte de una entrevista que Álvaro Suescún le hizo el 22 de abril de 1998:

"A. S.: ¿Tienes idea de la vida después de la muerte? ¿Has pensado en algo que existe?

"M. D.: No sé qué decirte. Mi hermana Alicia, que es muy sensible, ha tenido algunas experiencias. Ella está absolutamente segura de que sí, que hay vida después de la muerte. Yo no sé qué pensar, pero creo que tenemos que agarrarnos de esa esperanza, porque sería terrible saber que solo somos ese poquito de escombro que queda de uno finalmente tras la cremación; es terrible pensar que eso somos, hay que esperar que haya algo más...".

Me da gusto ahora aprovechar nuestras cartas para contestarle a Meira, con admiración eterna, que hay muchísimo más. No solo se logró publicar su libro e historia, sino también llevar su obra a tierras lejanas, tan cercanas a su familia, y muy próximamente llegaremos a Cuba, donde le publicaron sus primeros poemas en 1942. Es un gran círculo espiritual para poetas grandiosas como Olga Isabel Chams Eljach.

Abrazo inmenso,

Maribel

≈

BOGOTÁ, MAYO 25 DE 2023

Hola, Mari:

Qué maravilla leer tu correspondencia espiritual. Es conocer el tesón con que has creado tu libro y tu obra de teatro.
Años de espera y ya vas con Meira viajando por el mundo.
Me hablaste alguna vez de cómo consigues lo que sueñas, no
te importa cuándo, solo sabes que lo vas a alcanzar. Supongo
que muchos te dirán, como en tu libro: "Hasta ahora te creo".
Eso de persistir y de intentarlo todo en cualquier momento de la vida es algo que me enseñó mi esposo con el
ejercicio. Fui por primera vez a un gimnasio después de mi
primer parto. Ya había hecho yoga durante el embarazo,
pero la sensación que esto me generaba era diferente y la
seguí buscando años después con salidas a caminar, con cla-
ses de aeróbicos, hasta que llegó el *running,* como le dicen
ahora a lo que en mi juventud era salir a trotar. Yo ya tenía
cuarenta años y no me creía capaz de trotar tres cuadras,
pero mi esposo fue la mejor inspiración. Comenzó primero
a caminar, luego a trotar y llegó a correr la media maratón
de Bogotá, los diez kilómetros de aquí y de allá, y la maratón de Nueva York. Cuando inició estaba con sobrepeso

y cansado. Yo no imaginaba siquiera que él fuera capaz de atravesar el puente Verrazano.

Seguí su ejemplo, comencé a correr y también alcancé a terminar una carrera de quince kilómetros. Después la hernia discal hizo lo suyo, pero descubrí esa fascinación de trotar y trotar hasta que solo quedan la mente en blanco y el cuerpo en movimiento; ese desaparecer de las ideas y del tiempo supongo que se asemeja a meditar.

Algo similar sucede cuando nado. Empiezo con ideas en mi mente que poco a poco van desapareciendo y quedan solo el sonido del agua cuando me muevo, el de mi respiración cuando tomo aire y cuando lo suelto y la inmersión de mi cuerpo en un espacio donde estoy conmigo y no escucho más palabras.

Durante muchos años creí que solo se podían intentar cosas nuevas cuando joven, que una vez llegara a cierta edad, no sé cuál sería, ya no empezaría nada más. Mi marido y sus maratones me enseñaron lo contrario, y lo confirmé cuando leí en un libro las historias de japoneses que han vivido cien años y encontré la de una mujer que comenzó a nadar a los sesenta, se lo recomendaron por salud, y terminó en competencias.

No tengo mucha técnica para nadar, pero sí el sueño de hacerlo cada vez por más tiempo sin parar, para darles a mi cuerpo y a mi espíritu esa sensación de paz. Soy tan feliz que cuando salgo de la piscina y camino con mi pelo mojado de vuelta a mi casa me siento como si fuera la protagonista de una película. Eso que sí has sido tú.

Un abrazo,

Cata

*

Hola, Cata:

Entiendo muy bien el tema del ejercicio porque durante años estuve haciéndolo por dos horas al día. También yoga y meditación. He leído muchos libros sobre budismo e hinduismo y he visto videos en YouTube y escuchado pódcasts sobre la limpieza de chakras. Debo admitir que en un principio le temía al tema de los chakras y la información que recibía no me inspiraba confianza. Sin embargo, en 2007 conocí más a fondo a Deepak Chopra. Ya había leído su libro *Las siete leyes del éxito* a finales de los noventa, y también me sumergí en lecturas como las de Louise Hay, *El poder está dentro de ti*, libro que mi hermana y yo regalamos a mi madre cuando tuvo cáncer en 2001, y ella comentó que fue una gran motivación para su sanación.

Desde los ochenta fui una gran lectora de libros como *Las enseñanzas de don Juan*, de Carlos Castaneda, quien, según Wikipedia, "como antropólogo y escritor aseguraba haberse convertido en chamán nahuatl tolteca tras un intenso entrenamiento de modificación de conciencia y su percepción, que incluía el uso ritual de enteógenos en una primera etapa, pero más tarde fue nocivo para su estómago, según sus palabras". Sus libros están ligados a la psicodelia, tan de moda en los sesenta y retomada hoy en día científicamente por el hospital Johns Hopkins en Baltimore, EE. UU. Desde joven me encantaba la idea de viajar con la mente con LSD, pero nunca fui capaz de probar más allá de una o dos veces cocaína, rapé y durante un año fumé marihuana, hasta que un día no podía abrir la puerta de mi apartamento y me pareció terrorífico limitarme de ese modo. Tengo amigos que suelen consumir yagé de Suramérica y peyote de México. Siento una especie de envidia porque mi intuición me dice que para mí esas tomas serían muy peligrosas. De igual manera, me encantaría compartir con ellos sus viajes mientras yo me tomo un trago o una copa de vino. En los noventa fui a México y en Oaxaca descubrí el tequila, el mezcal y sus gusanos. Acabaron con mi sistema digestivo y sufrí de gastritis. Me encanta tomar, como un viaje, *whisky*, *bourbon*, chirrinche y todo lo que tenga que ver con alguna cultura en específico. Hoy en día no es posible por los medicamentos que rigen mi vida y horario.

Tengo amistades cercanas como mi amiga P. que decidió hacer una búsqueda interior, ya que sintió hace algún tiempo que la maternidad le estaba generando una carga difícil de manejar. Con algunas amigas decidió investigar cómo recurrir a la psicodelia. La primera vez, me cuenta, fue en Antioquia y tomó éxtasis. La segunda fue este año, 2023, en Villa de Leyva, donde hizo dos tomas: una de éxtasis y otra de hongos. Ambas experiencias han sido muy positivas para ella, aunque, según sus palabras, no recurre a estas para quitar traumas, solo para conocerse a sí misma e ir a su interior.

Tengo en mi familia una sobrina, Gabriela del Mar, conocida en las redes como Estrellita de Mar, cuyo camino espiritual ha sido muy especial. Desde niña ha sido una gran lectora y estudió literatura indígena en la Universidad Javeriana. Su madre viene de Tabatinga, Brasil, que colinda con Leticia, la capital de nuestra selva amazónica. Su bisabuela se llamaba Darika Gois Ipuxima y hace poco descubrieron que era de la etnia indígena cocama, que en español significa "nosotros mismos" y cuyos miembros son considerados los hijos de nuestras costumbres. Me cuenta Gabi que ella estaba de visita en el Amazonas cuando tuvo la primera regla y la acompañaron en su iniciación. Le pusieron plantas y, como Darika era partera, le hicieron un rito de paso y le dieron un caldo de *caridade* —caldo de caridad, de harina con huevo—. Cuando llegó a estudiar a Bogotá conoció amigos grafiteros, entre ellos uno llamado Guache. Todos juntos formaron una hermandad del camino para tomar ayahuasca, yagé y peyote, trazando encuentros con otros indígenas y líderes espirituales como Mazatl, a quien en Arizona, Estados Unidos, llamaban *roadman*, y que en español se identifica como hombre-medicina. A Mazatl lo conoció en Grecia cuando fue en búsqueda de sus raíces italianas Abello Banfi. Mazatl se convirtió en un mentor de Gabriela y ya lo han traído a Colombia, donde han levantado tipis, como los indígenas norteamericanos. Gabriela dice que cuando se hacen estas tomas, primero se identifica la enfermedad para después encontrar la sanación, sea un asunto físico, espiritual, emocional y/o psíquico. Ella no se considera una chamana, sino un puente para que la gente llegue a las plantas. Las herramientas que comparte son las de la adivinación del tarot, la astrología, las esencias y los aceites naturales, las redes sociales, su gran intuición y el sumo respeto que tiene a sus ancestros, no solo de sangre, sino del tejido humano espiritual.

La palabra *psychedelia*, en español *psicodelia*, fue inventada por el psicólogo británico Humphry Osmond y significa "que manifiesta el alma". Durante años nuestra sociedad ha visto las plantas como drogas peligrosas. Sin embargo, el LSD, el hongo psilocibina que se encuentra en cualquier jardín y que la mexicana María Sabina supo darle el significado de sagrado, el éxtasis —o MDMA— y, finalmente, la mescalina, lo que Carlos Castaneda llamaba el peyote, son hoy en día consideradas sagradas y con tomas acompañadas por chamanes, curanderos o médicos y ayudantes espirituales pueden curar traumas y, como dicen algunos que conozco, llevar a quienes las consumen a encargarse de sí mismos. Con una sola toma sería suficiente para solucionar la depresión, el ADHD, la ansiedad, etc. Muchos que eran drogadictos, alcohólicos y estaban perdidos en su vida logran tener una vida llena de amor, perdón y recobrar la estabilidad gracias a estas plantas. Como tú lo escribiste en otra carta, desde los tiempos de Nixon y Reagan las drogas psicodélicas se prohibieron y se llenaron las cárceles con jóvenes que las ingerían, mayoritariamente latinos y negros.

En esa misma carta tuya, me animaste a ver el documental de Netflix *Cómo cambiar la mente* y este explica que la primera persona que extrajo mescalina del peyote, en 1897, fue el científico Arthur Heffter. Después se utilizó en 1920, pero fue en 1953 que Aldous Huxley, con su libro *Las puertas de la percepción*, describió su experiencia con la planta. En su viaje astral habla de colores fuertes, de piedras preciosas, de cómo sus cinco sentidos se tornaban en una experiencia espiritual, la belleza de la naturaleza. Con la mescalina no se tienen alucinaciones como con el LSD o los hongos, pero esta sí empieza a influenciar a las generaciones psicodélicas *beat*, después a los *hippies* y, a finales de los sesenta, a los *punk*. Tengo dos casos de amigos cercanos que por probar LSD sin ninguna clase de asistencia se enloquecieron y nunca más pudieron tener una vida normal.

En el documental el periodista Michael Pollan termina hablando de un movimiento llamado Despenalizar la Naturaleza; los primeros que han incentivado el tema son personas que han sufrido fuertes traumas como depresión postparto, ataques de pánico, angustia después de la muerte de la madre, y que han probado diversos tipos de fármacos de medicina tradicional sin un resultado positivo. Finalmente, al consumir hongos, la persona cambia para bien, y radicalmente. Estas personas se dan cuenta de que tienen que cultivar las hierbas de manera clandestina y eso solo les produce más ansiedad, así que deciden unirse como comunidad en Oakland, California, y en el 2019 logran que en la ciudad se haga legal que el dueño de cada jardín coseche lo que quiera sin que sea arrestado, exceptuando el peyote, porque los mismos indios americanos lo pidieron así. Después del éxito de Oakland, el movimiento se expandió por más de cien ciudades. Según Carlos Plazola, cofundador de este, ponen sobre el tapete político temas como la justicia social, la conciencia y la conexión con la naturaleza, el amor y la compasión, asuntos que deben regresar al debate global, y yo estoy de acuerdo con eso.

Gran abrazo,

Maribel

∿

Hola, Mari:

Me parece que en todas las experiencias que mencionas en tu carta está de fondo la dimensión espiritual del ser humano y cómo es posible llegar a tener una experiencia que permita alcanzarla, bien por ser sanadora o porque hace posible vivir el amor y la compasión de manera muy profunda.

Supongo que puede resultar muy desalentador reducir todas estas experiencias a algo físico y químico, pero en una oportunidad, después de unos meses de mucha religiosidad, me subieron la dosis de un medicamento y se acabó la necesidad de buscar a Dios. De esto solo me quedaron preguntas: ¿está la espiritualidad ubicada en el cerebro?, ¿el cerebro crea la espiritualidad?, ¿estamos los seres humanos diseñados con un cerebro que permite tener en este planeta una dimensión llamada espiritual sin que esta exista realmente?

Alguna vez leí en una noticia, y ahora la he encontrado para esta carta, que de acuerdo con un estudio de la Universidad de Yale, existe en el cerebro un posible lugar para la espiritualidad humana y este es el lóbulo parietal izquierdo. Cuando las personas del estudio recordaban una experiencia espiritual, la actividad del cerebro se daba en este lugar.

Según Marc Potenza, uno de los investigadores de Yale, citado en el comunicado de la universidad, "las experiencias espirituales son estados persistentes que pueden tener un impacto profundo en la vida de la gente. Comprender las bases neurológicas de estas experiencias puede ayudarnos a comprender mejor su papel en la resiliencia, en el restablecimiento de la salud o en el tratamiento de las adicciones".

Con mi enfermedad he llegado a dudar de las experiencias místicas de los santos católicos y he pensado que quienes las vivieron sencillamente estaban atravesando por un delirio místico muy similar a los que he experimentado. Son momentos en los que realmente creo que Dios está conmigo y siento un amor profundo hacia toda la humanidad. Hace unos años hicieron investigaciones con monjas carmelitas para saber cómo se comportaba su cerebro durante las experiencias místicas y encontraron que estas experiencias no se ubicaban en una única parte del cerebro, sino que abarcaban muchas áreas, resultado diferente al de Yale. A veces he pensado que si me sometieran durante mis estados de amor total a los mismos exámenes de las carmelitas, encontrarían cerebros totalmente iguales, solo que ellas están en un convento y yo ando por ahí.

También están los casos de las monjas que se consideraban santas por su delgadez y que con los ojos de hoy se puede afirmar, con seguridad, que eran anoréxicas y no santas entregadas a Dios.

En ciertas hipomanías he tenido momentos de lucidez que me permiten llegar a unos lugares de la mente que uno no alcanza habitualmente. Lo malo, como lo escribí, es que son momentos supremamente riesgosos, pero me encantaría que la ciencia pudiera crear alguna forma de llevarlo a uno a estos estados sin peligro alguno, como lo pueden hacer ciertas plantas cuando se usan con supervisión, como lo escribes tú. Creo que muchas de las experiencias como las que señalas alteran el cerebro y esto permite acceder a lugares del inconsciente que de otra manera sería imposible tocar.

Como lo escribimos las dos, por fortuna los estudios sobre las plantas y sus efectos en el cerebro, en la salud mental y en la espiritualidad de las personas han revivido, solo faltará esperar sus resultados, porque, como lo escribes, la compasión y el amor deben estar en los debates globales.

Cata

*

Querida Cata:

Cada vez me encanta más recibir tus cartas y quedo superansiosa de tus repuestas. Tu humor, no sé si es tu intención, pero así lo percibo, es lo que sería un negro betún, como les decíamos antes a los hombres profundamente negros, negro azules, bellos, betún. Quizás ni tiene sentido la comparación, pero a mí me gusta. Yo, sin ninguna clase de estudios psicológicos —solo los de actuación—, siempre he pensado que ser santa y puta es lo mismo, pero al revés. Requieren ambas de un gran compromiso, empecemos con los hombres —el patriarcado— y después con Dios, que, según el papa, es el padre, y punto.

En esta oportunidad me gustaría escribir sobre el tema de las redes sociales, que enredan al mundo y exponen a todos a situaciones de decepción, ansiedad, depresión, suicidio, tú lo nombras. Me extraña que los debates de psicología colectiva sean tan tímidos sobre el asunto. Claro está que las corporaciones son las que mandan, y es irónico pensar que los padres de todos estos niños que viven en la era del Silicon Valley les prohíban utilizar aparatos electrónicos. Esa gente sabe muy bien el daño que producen, mientras que el resto del mundo *supuestamente* debe estar cada vez más "comunicado". Un computador no comunica. Comunicamos los seres humanos, y para ello se requieren regulaciones que exijan que todos los que escriban detrás de una cuenta deban poner su foto verificada y verdadera, como se hace para viajar de un país a otro con un pasaporte.

El historiador y filósofo Yuval Noah Harari dice en un artículo de *The Telegraph* que no sabe si los humanos sobreviviremos a la inteligencia artificial. Declara que por primera vez hemos inventado algo que nos quita nuestro poder. Resalta en el artículo que la inteligencia artificial —los algoritmos— puede crear sus propias historias, sin la ayuda del humano, y esto, bajo su parecer, es muy peligroso, porque simplemente significa que no entenderíamos su significado. Es increíble pensar que una de las razones por las que yo te dije que quería escribir este libro era para hablar de nuestras propias experiencias y comunicarnos, contar historias, curiosear.

En abril de 2023, Harari y centenares de expertos mundiales, incluido Elon Musk, escribieron una carta a la población en general solicitando que se pause el ChatGPT. Según un sitio llamado softonic.com, ChatGPT "es un sistema con inteligencia artificial capaz de sostener una conversación por chat con un humano, responder cualquier pregunta y generar textos de varios temas. Sin duda alguna, este chat se convierte en una herramienta útil para realizar tareas relacionadas con el lenguaje y procesamiento de textos".

Se me pone la piel de gallina de pensar que con la inteligencia artificial nuestras vidas perderían significado y propósito, porque la realidad podría narrarse como *fake news* eternas.

Maribel

BOGOTÁ, JUNIO 3 DE 2023

Mi querida Mari:

Considero que las redes sociales también han traído cosas buenas. Uno de los problemas para las personas con enfermedades mentales es no tener atención inmediata cuando se sienten mal y no atreverse a contar sus historias. Los servicios que atienden consultas urgentes por WhastApp, como las líneas de emergencia, han facilitado que las personas reciban una atención oportuna, y el que puedan escribir y no tengan que mostrar su cara ni hablar en voz alta ha facilitado que muchos pierdan el miedo a referirse a sus ideas suicidas o a que la vida les queda grande.

También las redes han sido útiles para que más personas hablen de salud mental y sus ideas se expandan. Existen *youtubers* e *instagramers* que hablan del tema, desde psiquiatras famosos y expertos hasta personas que tienen la enfermedad y quieren compartir su experiencia para ayudar a otros. Existen, además, grupos de Facebook en los que psicólogos y psiquiatras se unen para atender consultas urgentes.

Esto ha servido para ampliar las conversaciones sobre salud mental y de esa manera reducir el estigma, lo cual es definitivo, porque permite que la gente aprenda del tema y le pierda el miedo a aceptar su enfermedad y a pedir ayuda.

Te preguntarás, tal vez, por qué llevo casi todos los temas a la salud mental y al cerebro; porque con estas cartas que hemos compartido me he dado cuenta de que tener un trastorno bipolar me hizo repensar mi vida en todas las dimensiones y también me llevó a ayudar a otros. Supongo que esto sucede con muchas enfermedades y más si pueden afectar nuestros comportamientos y nuestra vida cotidiana. El cáncer y otras, tú lo sabrás, nos ponen de frente con la muerte, y eso necesariamente cambia la perspectiva con la que vivimos. En mi caso, entendí que si puedo perder la cabeza, puedo perder cualquier cosa. Nunca he tenido ideas suicidas, pero la posibilidad de que una depresión me lleve a considerar mi propia muerte como algo necesario para eliminar el dolor me hizo entender que siempre estaré expuesta a perder el control sobre algo tan humano y esencial como el instinto de supervivencia.

Esto no quiere decir que yo piense en la enfermedad durante las veinticuatro horas del día, todos los días, pero sí significa que el tema me atrae con mayor interés, que leo información al respecto y que como periodista he dedicado buena parte de los últimos años a escribir artículos sobre el bienestar emocional, mental y psicológico.

He podido ayudar a otros con mi libro, mis charlas y conferencias, y cuando lo he hecho he sentido una trascendencia en mi vida que no siempre es fácil de experimentar, porque he entendido que mi vida tiene un sentido más allá de mí misma y de mi familia, y que tal vez le he dado a la enfermedad una razón de ser. Poner mi experiencia y lo que aprendo al servicio de otros lo he asumido como un compromiso con la vida y conmigo misma. Me han dado muchas veces las gracias, me han dicho con frecuencia que cambié una vida, y eso es invaluable.

Por eso creo que las redes sociales son importantes para causas como estas; tal vez no sean las cuentas que tienen más seguidores ni serán las más rentables, pero sí las que llegan a un grupo que realmente las necesita.

Cata

*

BARRANQUILLA, JUNIO 5 DE 2023

Cata querida:

Mi carta anterior es más específica con el tema de la inteligencia artificial y lo difícil, según expertos, que podría convertirse el diario vivir en un futuro con los algoritmos creando historias-noticias falsas, en las que hasta la democracia puede verse en peligro. Lo que sucedió con las *fake news* en Facebook, que se comprobó que ayudaron a que la ultraderecha, liderada por Donald Trump, ganara la presidencia en 2016, es un ejemplo que no debemos olvidar. Se habló de un mundo alterno y se puso en duda la lucidez del presidente del país más poderoso del mundo.

Aclaro que los diez últimos años he estado viviendo en Estados Unidos, criando a mi hijo, hasta que se graduó en el 2018. En Virginia, el estado donde vivimos, hay una ley que exige a los doctores que envíen al paciente que ha dicho que quiere quitarse la vida, solo con haberlo expresado, a quedarse durante al menos quince días bajo supervisión en una clínica de salud mental. Estos pacientes tienen que presentarse ante un juez y contar con un abogado que los represente. Dicha ley la escribió un legislador que tuvo un hijo que llegó al hospital, le dieron medicación y, como dijo que se sentía mejor, lo dejaron ir a su casa. Al día siguiente el muchacho se suicidó.

En estos tiempos de tecnología no existe la última palabra y, por el contrario, pareciera como si se estuviera ahondando en los problemas de salud mental en todos los aspectos: edad, culturas, género. Se están agudizando los debates sobre odio contra comunidades diversas —LGBTIQ, religiones, razas—, y nuestra sociedad a nivel global está empeorando: feminicidios en Latinoamérica y adicciones disparadas con las drogas de fentanilo que vienen de China, pasan por México y llegan a Estados Unidos. Hace dos días estaba viendo en una sección del programa *The View* a una legisladora transgénero del estado de Montana, quien declaró que debido a la ley que los republicanos aprobaron, la cual no permite que los menores transgénero de Montana puedan acceder a atención sanitaria para la autodeterminación de género, un joven que estaba viendo el debate por televisión se suicidó. Jóvenes como la activista Greta Thunberg, que desde el 2018 protestan por el cambio climático, sufren de angustia y ansiedad, y nuestra generación está sin mucha idea de qué hacer.

Gran abrazo,

Maribel

~

Hola, Mari:

Llevo en este recorrido seis años desde que hice público que tengo un trastorno bipolar y son muchas las personas que se me han acercado pidiendo ayuda, como la mamá que un 31 de diciembre me escribió a mis redes sociales porque su hija se había intentado suicidar, estaba hospitalizada, ella estaba sola y no tenía con quién hablar. Solo necesitaba alguien que la escuchara sin juzgar y con entendimiento.

O la mujer que me escribió para decirme que vivía en un pueblo lejos de una ciudad mediana o grande y que solo quería saber si eso que yo tenía era lo mismo que le habían diagnosticado a su hijo: esquizofrenia. Necesitaba preguntar.

O el muchacho que me dijo que llevaba varias semanas teniendo ideas suicidas y que gracias a estar en mi charla había entendido que debía pedir ayuda profesional de inmediato. Necesitaba escuchar.

O el psiquiatra que estaba presente en un evento de médicos donde di mi testimonio y me pidió que lo repitiera ante sus alumnos. Encontró una forma diferente de enseñar.

Esto muestra, como el hijo del juez que cuentas en tu carta, que muchas personas necesitan ayuda, pero no siempre saben cómo pedirla, y los otros tampoco saben cómo darla.

Hace poco leí un artículo de unos investigadores en el que cuestionan la cifra de la OMS según la cual en el noventa por ciento de los casos de suicidio hay de base una enfermedad mental. Los autores se preguntan si puede igualarse la persona que está en una crisis psicótica y se quita la vida con alguien a quien sus condiciones de vida, como el hambre, la violencia o el abuso, lo llevan al suicidio.

Y en este país las condiciones de vida son muy complicadas para muchos. Las tuve de cerca cuando entrevisté a soldados amputados por esta guerra, al joven que quedó sordo y perdió un ojo por una mina antipersona, a la adolescente que se fugó de la guerrilla para rescatar a las hijas que le habían quitado en el monte, a la esposa que esperaba todas las noches a su esposo secuestrado dejándole el espacio vacío de la cama con sus libros en la mesa de noche o al campesino que contaba cómo se escondía en los cafetales cada vez que volvían los enfrentamientos entre los bandos que rodeaban su pueblo.

No podré olvidar nunca la foto de los pies de varios cadáveres con un letrero en los dedos después de una masacre, ni la charla con la compañera de trabajo en la que me contaba cómo a las mujeres las torturaban con cortaúñas en sus pezones.

Todas las épocas tienen horrores, los seres humanos siempre hacemos horrores. Hemos quemado brujas, sacrificamos mujeres y niños vivos para agradar a Dios, silenciamos a los diferentes, matamos a los homosexuales, violentamos a los niños. Por fortuna también hacemos cosas hermosas: el arte, la literatura, la música, contar cuentos, reírnos, bailar.

Hace muchos años le pedí a un estudioso colombiano que escribiera para el medio en el que yo trabajaba un artículo sobre si el país era mejor o peor que cien años atrás, y argumentó con cifras y resultados concretos por qué Colombia, a pesar de los horrores que vivíamos en ese momento y que siempre hemos vivido, estaba mejor en todos los sentidos.

El presente que vivimos es agobiante, pero creo que los que hacen parte de la comunidad LGBTIQ, a pesar de las tragedias que suceden, como la que describes en tu carta, y de las asesinas legislaciones en países donde el gobierno los mata, también han ganado espacio en estos tiempos, porque por lo menos ya alguien los escucha y hay líderes que llevan sus voces.

Cata

*

BARRANQUILLA, JUNIO 18 DE 2023

Querida Cata:

Ya llevo un mes desde que salí de la hospitalización y parece absurdo pensar que me entregaron un cartapacio de papeles en los que me indican los medicamentos que debo tomar sin falta todos los días, a las ocho de la noche, entre ellos: quetiapina 300 mg, ácido valproico 500 mg, clonazepam solución oral 2,5 mg. Por fortuna, mi familia me apoya para que tenga toda la medicación necesaria y las citas con la psicóloga y el psiquiatra para hacer seguimiento. Hice el intento de obtener la medicación y las citas a través de la EPS y ha sido imposible lograrlo, solo hasta después de tres meses. Me he visto obligada a buscar medicina privada, pero me pregunto por todas las otras personas que aun pagando con regularidad su servicio de salud no reciben a tiempo, ni correctamente, las fórmulas, ni mucho menos seguimiento psiquiátrico. No solo me estoy quejando de esta falla en Colombia. En Estados Unidos es igual o peor. Atienden al paciente incluso con un policía al lado y después de unos días te envían a casa con unas cuantas medicaciones. A las pocas semanas recibes infinidad de mensajes por celular, correos electrónicos y cartas en los que te cobran por la pésima atención recibida, aun si al paciente le han declarado incapacidad. El problema de salud mental es universal, no hay empatía y las farmacéuticas están acabando con la sanidad del planeta.

Abrazo,

Maribel

P. D.: Por fortuna la belleza de la locura me acompaña escribiendo este libro y ensayando con el equipo mi obra *Yo, Meira Delmar, a nadie doy mi soledad*, que presentaremos en el Museo Nacional de Cuba, invitados por nuestra embajada en ese país. Me siento muy honrada y espero que la obra represente a todas las colombianas que, como Meira, tú y yo, queremos transformar nuestro país a través de la palabra, la literatura, el arte, cueste lo que cueste.

～

Estimada Mari:

Ayer me puse muy contenta porque encontré por un tuit que una revista que yo creía que habían cerrado sigue vigente y ahora es totalmente digital. Es una página que se llama www.bphope.com, que busca darnos esperanza y armonía a quienes tenemos un trastorno bipolar. Abarca todos los aspectos de la enfermedad: las relaciones, los tratamientos, los medicamentos, los avances de la ciencia, testimonios de pacientes; tiene información seria y responsable.

Lo más maravilloso de este encuentro es que aparecía un artículo que contaba que Kay Redfield Jamison, la psicóloga estadounidense que fue de las primeras personas en contarle al mundo que tiene un trastorno bipolar en su libro *Una mente inquieta,* lo cual comenté en las primeras cartas, publicó en mayo un nuevo libro que se titula *Fires in the Dark: Healing the Unquiet Mind* y trata de la verdadera sanación de la mente, que no es lo mismo que tratar y cuidar.

Leí el prólogo en Amazon y me encantó que ella le da un papel muy importante, para sanar la mente, a la psicoterapia, el arte, la espiritualidad, la música, los sacerdotes, y explica cómo la palabra y la conversación son fundamentales, todo esto sin negar la importancia de los medicamentos.

Por eso es más triste aún lo que planteas en tu carta, porque mucha de la atención a los pacientes con enfermedades mentales se reduce a dar una fórmula médica y nada más. Para mí fue muy importante tener con quien hablar durante mis primeros años con ataques de pánico, depresión y trastorno bipolar, porque me permitió entender la enfermedad, quitarme miedos y tener esperanza a pesar de lo difícil que parecía el futuro. Siempre he estado muy agradecida con ese psiquiatra porque no me condenó.

Como lo escribes, somos unas afortunadas en este país por poder pagar médicos privados o tener un seguro médico. Hace poco escribí un artículo sobre el tema y muchos pacientes me contaron que después de intentarlo todo con la EPS habían decidido pagar un psiquiatra y un psicólogo privados. Usan la EPS solo para que les dé los medicamentos, que, valga la anotación, yo también reclamo cada mes sin problema. Pido una cita con el médico general de la EPS y me da la fórmula por seis meses. La cita con un psiquiatra es imposible. En mi caso, me debían llamar para dármela con el especialista en un plazo de tres meses y nunca me llamaron. Esto es muy grave, porque una buena atención a tiempo puede evitar una manía o un suicidio, y eso no lo entiende el sistema de salud.

Además, después de una crisis fuerte uno se demora en aterrizar del todo en la realidad, o pues eso me pasó a mí en mis dos salidas de la realidad. Creí que ya todo estaba bien, pero estaba equivocada; me tomó un mes recuperar mi memoria, mi atención, mi mente como un todo. Por fortuna, contaba con un psiquiatra que me hacía seguimiento cada diez días y a mí me ayudaba mucho hablar de lo que me había sucedido.

Los psiquiatras que entrevisté para el artículo que comento también me contaron que después de la pandemia el sistema está reventado, porque cada vez más personas buscan ayuda y no la encuentran. Ahora hay varios servicios de atención virtual con psicólogos más que todo, pocos psiquiatras, en los cuales la persona puede encontrar diferentes profesionales para que la atiendan rápidamente. Las citas tienen diferentes valores según la hoja de vida del profesional y el tiempo que duren, pero, una vez más, ese sigue siendo un servicio privado que no todo el mundo puede pagar.

Por eso me gusta tanto el nombre de la página que recuperé, www.bphope.com, porque incluye la palabra *hope*, "esperanza" en inglés. Creo que si uno no tiene una visión de un futuro con esta enfermedad es muy difícil vivir, de allí que me haga muy feliz esa gran esperanza que ha traído a tu vida Meira Delmar.

Cata

*

Querida Cata:

Este fin de semana sucedieron muchas situaciones: mi tía materna que tanto quise, Vera, hermana de mi madre, murió. Mi hijo cumplió sus veintitrés años y, aunque estuve lejos físicamente, admiro su fortaleza y todo lo que ha logrado en la ciudad donde nació, Bogotá. Hoy es 4 de julio y es el día de la Independencia de mi país adoptivo. Para mí han sido tres situaciones vitales: viajé con mi madre a Montería para acompañarla a decirle adiós a un ser que siempre impartió amor, estabilidad, serenidad. Mi hijo, por su parte, celebró con una cena en uno de los restaurantes a donde yo solía ir cuando vivía en Bosque Izquierdo, un barrio que nunca olvidaré por las vivencias que tuve, y por los amigos y compañeros de trabajo con los que conviví durante años. Y, finalmente, hoy puse una vela por mi ciudadanía de un país donde crie a mi hijo y que aprecio, aunque tenga mucho que cuestionar de sus políticas.

Hoy por la tarde fui a mi cita con la psicóloga de la EPS y me preguntó qué me gustaba. Yo le dije que nada, porque estaba cansada de decir que me encanta escribir, y pareciera como si debiera tener otro gusto. Entonces antes de irme, la chica, que es bastante joven, me dijo: "Tómese un helado en mi nombre". Le contesté que desde su oficina hasta mi casa no había heladerías. Ella insistió: "Haga el esfuerzo".

Al salir, en la puerta estaba parqueado un vendedor de raspados. Pensé, esta es la versión caribe del helado. Me lo tomaré en nombre de Camila. Le pedí al vendedor un raspado de Kola con leche condensada. Pedí un taxi y disfruté el frescor.

Abrazo,

Maribel

∽

Querida Mari:

En esta oportunidad decidí utilizar la inteligencia artificial para escribir esta carta y ver qué tanto riesgo corre nuestro futuro. Le pedí a ChatGPT "escribir una carta para una amiga con quien estamos escribiendo un libro de cartas sobre nuestro trastorno bipolar y quien acaba de perder a su tía, ha celebrado la vida de su hijo, también le ha hecho homenaje a su país adoptivo y se comió un raspado de Kola con leche condensada en honor a su psicóloga, Camila".

Este fue el resultado que me entregó en menos de un minuto:

Querida amiga:

Hoy quiero enviarte esta carta llena de amor y apoyo en un momento en el que has experimentado una montaña rusa de emociones. Sé que has pasado por altibajos intensos, y quiero que sepas que estoy aquí para ti en cada uno de esos momentos.

Lamento profundamente la pérdida de tu tía. Sé que era una persona especial en tu vida y que su ausencia deja un vacío en tu corazón. Permíteme expresar mi más sentido pésame a ti y a tu familia. Estoy aquí para ofrecerte un hombro en el que apoyarte y escuchar tus sentimientos más profundos mientras atraviesas este difícil proceso de duelo.

También quiero celebrar contigo la vida de tu hijo. Es un regalo maravilloso y un testimonio de tu fuerza y resiliencia. A pesar de los desafíos que el trastorno bipolar puede presentar, has sido una madre increíble, dedicada y amorosa. Tu hijo es un reflejo de tu amor incondicional y del coraje que tienes para enfrentar cada día.

Además, me complace saber que has encontrado un hogar en tu país adoptivo. La conexión y el sentido de pertenencia que has encontrado allí son verdaderamente especiales. Celebrar y honrar esta experiencia en nuestro libro de cartas es una manera hermosa de reconocer cómo el entorno y las personas que nos rodean pueden influir en nuestro bienestar emocional.

Por último, quiero mencionar el homenaje que hiciste a tu psicóloga, Camila, al disfrutar de ese delicioso raspado de Kola con leche condensada. Ella ha sido una guía importante en tu camino hacia la salud mental y el manejo del trastorno bipolar. Es maravilloso reconocer y agradecer a las personas que nos apoyan en nuestro proceso de sanación.

Juntas, hemos creado un libro de cartas poderoso y conmovedor sobre nuestros trastornos bipolares. Nuestros intercambios han sido una fuente de apoyo mutuo y un testimonio de la fortaleza que encontramos en la amistad y la empatía. A través de nuestras palabras, hemos encontrado consuelo y esperanza, y hemos demostrado que no estamos solas en esta lucha.

Quiero agradecerte por compartir este viaje conmigo y por confiar en mí para explorar los rincones más profundos de nuestros corazones y mentes. Tu valentía y determinación me inspiran, y estoy agradecida por tener una amiga tan extraordinaria a mi lado.

Recuerda que siempre estoy aquí para ti, dispuesta a escuchar, apoyar y compartir las alegrías y las tristezas de la vida. A medida que continuamos escribiendo nuestro libro de cartas, recordemos que nuestros desafíos y experiencias solo nos hacen más fuertes y nos acercan aún más.

Con todo mi amor y gratitud, [Tu nombre]

No sé tú, pero después de este primer acercamiento yo me quedo muy tranquila con la escritura de la inteligencia artificial; creo que por ahora no me quitará mi trabajo y podremos terminar este libro sin su interferencia.

Me despido, como dice ChatGPT,
Con todo mi amor y gratitud,

Mi nombre

＊

BARRANQUILLA, JULIO 6 DE 2023

Querida Tú:

Me toma menos de un minuto agradecer tu carta. Lo que más me gustó fue la cita del raspado con Kola.

Abrazo,

Yo

~

Bogotá, julio 7 de 2023

Hola, Mari:

Me alegra saber que la tecnología no nos va a robar nuestras palabras, que puedes seguir diciendo que te gusta escribir sin necesidad de agregar otro gusto más, que podemos enviarnos cartas cortas, largas, a nuestro antojo, con humor, rabia, amor o dolor sin dejar de ser nosotras mismas.

La escritura es y ha sido la manera en la que me he ganado la vida desde los dieciocho años, cuando conseguí mi primer empleo. La excepción han sido unos meses en los que trabajé como mesera cuando estaba en la universidad. Todo lo que he ganado ha sido porque he escrito alguna cosa: artículos, cartas, discursos, reportajes, libros, porque he editado, corregido, etc. Haber descubierto que el famoso ChatGPT no lo puede todo ha sido, además de un momento muy divertido para mí, un gran alivio, y más con tu respuesta, porque es la confirmación de que la verdadera escritura es única e irrepetible, jamás una máquina podría haberlo hecho por ti.

Creo mucho en el poder de la palabra, en su potencia cuando se escribe o cuando se pronuncia, por eso me fijo en cómo hablan los demás, por eso los escucho con atención, por eso leo y me encantan autores que se atreven a escribir distinto y a aquellos que lo hacen de una manera bella en la que cada palabra es justa y necesaria.

Encontrarnos en estas cartas es también conversar en privado con la consciencia de que eso será público en un momento dado, como si les dijéramos a otros que les vamos a compartir unas buenas dosis de nuestra intimidad. ¿Para qué compartirnos con otros? Podemos hacernos esta pregunta y creería que la hemos contestado a lo largo de estas cartas, pero lo más hermoso es que uno no conocerá del todo la respuesta hasta cuando estas páginas sean leídas. Por ejemplo, lo que más amo de mi libro *Las niñas aprendemos en silencio* es que fue un motivo de unión en mi familia, de recordar juntos, de llenarnos de nostalgia y de reconocer, una vez más, nuestro pasado compartido.

No puedo aventurar qué sucederá con este libro; por lo pronto me ha permitido reencontrarme con una amiga de vieja data, reflexionar sobre nuestras vidas y esperar con entusiasmo a que a mi correo llegue un mensaje proveniente de Maribel Abello. Es realmente emocionante.

Sé también lo que todas estas palabras escritas por ti y por mí han dejado como rastro: recuerdos de un pasado juntas, memorias de ida y de vuelta, y una nueva mirada de las enfermedades como marcas a partir de las cuales no volvemos a ser las mismas. Hace treinta y seis años tuve mi primer ataque de pánico y con este desapareció toda una forma de mirarme a mí misma y mis posibilidades en la vida. Jamás creí que me llevaría a tanta introspección, a rodar tanto hacia adentro y llegar a profundidades que no sabía que tenía, todo esto con la palabra como mi mejor aliada y como mi más preciada herramienta para aprender a bucear dentro de mí misma.

Sigamos entonces con las palabras que todavía nos quedan en la belleza de la locura.

Cata

sentimientos que mejoraron, dijo también la energía que nos gobierna y permite una creatividad...

Como este cielo y sus planetas son para todos, te convido, una palabra que aún más salta decir: mi abuela paterna... a que no tengas miedo de volar con temas esotéricos que pueden ayudarte a ser más feliz como ya lo haces con la escritura o la poesía.

Una vez te prometí, y últimamente me lo pediste, estudiar tu carta natal. La primera información que quiero que entiendas es esta: tienes sol en Géminis, luna en Cáncer y ascendente en Géminis. Géminis es el signo de la comunicación, los viajes cortos, los hermanos y hermanas. Con el sol en Géminis, que es tu identidad, el deseo de expresión propia y la curiosidad es lo que más te interesa. Tienes algunos aspectos que te hacen saborear tus propios logros cuando todo está bien y cuestionas mucho dejando que el miedo te invada. Tu sol se encuentra en la casa doce, la última de todas, que es también la de las prisiones, hospitalizaciones, monasterios, y en el lado de luz, la meditación, e imparir y entrega a los demás. La astrología, como los estudios teológicos, nos muestra la luz y la sombra. Es importante entender que los astros inclinan, pero no necesariamente obligan. Sin embargo, pienso que la información que uno pueda tener de las estrellas nos puede guiar en comprender un poco más de esas sombras que no tienen real explicación en el diario vivir. Debes convencerte de que eres creativa, ambiciosa y en constante cambio. Las estrellas te dicen que no dudes de tu camino de escritura. Tienes el Lorca en la segunda casa y a Júpiter en la tercera...

...de felicidad... Algo muy positivo es tu séptima casa...

*

Estimada Cata:

Pareciera un chiste el tema de la inteligencia artificial y ojalá pudiéramos creer que nada va a pasar. Antes de cerrar por mi parte el tema, elijo informarnos con un artículo de abril del 2023 publicado en *El Confidencial* de España sobre Marty Baron, exdirector del *Washington Post* y del *Boston Globe*. Él llevó a descubrir los casos de pederastia en Estados Unidos y le tocó vivir la era Trump, que ha supuesto la mayor guerra al periodismo serio por parte de un presidente de Estado Unidos. Mientras estuvo de líder tuvo que afrontar casos tan graves como el asesinato del columnista de opinión saudí Jamal Khashoggi. Ahora retirado, Baron se dedica a viajar para abrirle los ojos al mundo contando su experiencia. En octubre saldrá su libro titulado *Colisión de poder: Trump, Bezos y el Washington Post*, en el que cuenta la transformación del periódico más legendario de Estados Unidos.

Baron dice que odia las redes sociales y que es consciente de que en un inicio en el periódico utilizaron Facebook hasta que se dieron cuenta de que poco a poco empezaron a diversificar y polarizar la sociedad. Cuando Bezos compró el periódico muchos periodistas fueron despedidos para ser reemplazados por máquinas.

Algo que me llama la atención en su artículo es que establece que antes era impensable en los periódicos contar con físicos y matemáticos en sus plantillas, pero ahora "necesitamos diferentes tipos de ingenieros que se especialicen en la inteligencia artificial porque va a tener un gran impacto, va a crear una gran disrupción en el periodismo y la sociedad".

Es por ello que insisto en que la inteligencia artificial es un peligro para todos los que buscan fuentes reales y verdaderas. Si retornamos a nuestro tema de salud mental, lo más seguro es que perderemos no solo el trabajo sino la alegría de vivir, porque ya no podremos experimentar ni un raspado de Kola, y mucho menos la idea de escribir un libro, aunque estemos deprimidas.

Abrazo,

Maribel

BOGOTÁ, JULIO 8 DE 2023

Querida Mari:

Siempre la humanidad le ha tenido miedo a los cambios que traen la tecnología y la ciencia. Cuando apareció la fotografía, vaticinaron el fin de la pintura; cuando llegó la televisión, dieron por muerta la radio; con los libros digitales, aseguraron la desaparición de los libros en papel. Con esto no quiero negar los efectos negativos que traerá la inteligencia artificial, pero creo que por más que cambie el mundo, siempre quedará una esquina para quienes aún tenemos fe.

Tal vez, como en el libro *Un mundo feliz* de Aldous Huxley, nos llamarán salvajes, pero siempre tendremos la opción de rebelarnos contra la dominancia de la tecnología y el interés de la sociedad por mantenernos adormecidos.

Existe un libro muy hermoso sobre la fe, *Monseñor Quijote*, de Graham Greene, en el que un sacerdote católico y un comunista, en tiempos de la dictadura de Franco, emprenden un viaje en carro juntos por España y tienen grandes conversaciones. Al final uno lo entiende, cada uno cree en lo que cree solo porque tiene fe. No es cuestión de religión, es un no sé qué que la trasciende.

Ayer precisamente pronuncié una frase: ¡Estoy cansada de escuchar gente que solo ve que la vida es un desastre! Creo que la humanidad no está condenada. Por eso tengo claro que si no tengo esperanza y no veo futuro es porque estoy deprimida, porque la enfermedad está caminando dentro de mí.

Siempre he logrado separar los síntomas de la enfermedad de los rasgos de mi personalidad, y la ilusión es uno de estos rasgos. Para mí, la enfermedad mental no ha sido sinónimo de parálisis. Soy consciente de que muchos enfermos mentales sufren lo impronunciable, pero yo quiero seguir de pie para intentarlo hasta en el último segundo antes de mi muerte.

Espero que los años no consuman esta fuerza. Supongo que si eso sucede es porque habré muerto. Por ahora, como sigo viva, conservo la lucidez para confirmar que desde hace más de veinte años, cuando me diagnosticaron el trastorno bipolar, he sido capaz de hacerle el quite a la locura y conservar la belleza de la vida.

Un abrazo,

Cata

*

Buenas noches, *ladies and gentlemen*
Bonsoir, sean bienvenidos a la primera función de
Circo Beat
El circo más sexy, más alto, más tonto del mundo
Desde ahora y para siempre
Cualquier semejanza con hechos reales
correrá por vuestra imaginación...

Querida Cata:

Esta última historia empieza en 2004, cuando regresé a la universidad para finalmente graduarme de comunicadora social. La tesis consistió en escribir un guion, el cual titulé *Somos hermanos*. Para ese entonces el país estaba candente a todo nivel, bombas por doquier. Un año antes, en 2003, salió volando un muy buen amigo; fue el último en morir por la bomba que se puso en el Club El Nogal. Nadie hablaba de salud mental para las víctimas, y mucho menos de sesiones de psicología o psiquiatría. El jurado de mi tesis fue D. G., un reconocido productor de series y telenovelas en las que participé. El libreto empieza con la canción de Fito Páez "Circo Beat", de su octavo álbum lanzado en 1994, mientras la protagonista se prepara para una fiesta. Los personajes principales son cuatro hermanos de una familia disfuncional: un exguerrillero que se refugia con los koguis en la Sierra Nevada mientras logra llegar a Francia, donde está su familia; la actriz exitosa que es el orgullo familiar; David, senador de derecha y gay de clóset, y Magda, lesbiana y drogadicta de bóxer que vive en la calle con su amor, Marelbis, y pareciera ser la más feliz de todos. En el transcurso del guion, el hermano menor secuestra al hermano mayor. Para ese entonces Íngrid Betancourt estaba secuestrada y me sentí indignada como mujer de que el Ejército y el Gobierno la hubieran culpado por su propio secuestro. Estoy segura de que a un hombre no lo hubieran tratado igual. Y, como dice la canción de Fito Páez, cualquier parecido con hechos reales correrá por vuestra imaginación. Hace tres días, el 7 de julio de 2023, en los titulares de *El Tiempo* se informó la indignación de la sociedad, con toda razón, ante la "privación de la libertad" de una sargento del Ejército y sus dos hijitos de seis y ocho años días antes de iniciar los diálogos con el grupo guerrillero ELN. Una vez más retumba en mi cabeza "Circo Beat". Recuerdo que en el tiempo del secuestro de Íngrid su madre estuvo muy sola y yo fui a visitarla para conocer cómo se sentía la familia ante tanta soledad y abandono. Me demostró una fe indestructible en Dios. Me emocionó mucho poder abrazarla y expresarle mis respetos.

Por requisitos del proceso de la tesis, presenté el guion al entonces embajador de Francia y exmarido de la hermana de Íngrid. Muy amablemente me dieron el respaldo por parte del gobierno de Francia para presentarlo en un concurso de Proimágenes. Aunque no gané ningún premio, sí me quedó la satisfacción de expresar mi solidaridad ante tanta infamia. Imagino a Íngrid como a la suboficial y a sus hijos luchando con sus fantasmas y todo lo que tienen que superar y siguen superando a nivel mental, espiritual e incluso físico. Me pregunto por qué son las mujeres las que tienen la peor parte en las guerras mayoritariamente de hombres, sea la senadora, la precandidata, la periodista, la suboficial, la guerrillera y hasta la mafiosa.

Psicodélica *star* de la mística
de los pobres
De misterio, de amor,
de dinero y soledad
Yo no vine hasta acá a ayudarte
buscando cobre
Mi pasado es real
Mi futuro es libertad
Circo Beat, Circo Beat

Saltamos al año 2018. Para ese entonces ya he vivido en Estados Unidos lo suficiente como para ser ciudadana, y mi hijo se ha graduado del Monticello High School en Charlottesville, Virginia. En esta ciudad está situada la Universidad de Virginia, fundada por Thomas Jefferson, uno de los que escribieron la Constitución de Estados Unidos en 1787. Experimentamos durante los días 11 y 12 de agosto del 2017 la toma del campus y las calles por parte de los supremacistas blancos, en la que la víctima fue una joven activista llamada Heather Heyer. La manifestación fue un mitin de extrema derecha para oponerse a la eliminación de una estatua de Robert E. Lee del Parque de la Emancipación. Mi hijo y yo vivimos eso y también nos sentimos excluidos por estos blancos salvajes llamados "cuellos rojos". Para ese entonces estaba escribiendo mi libro *Hasta ahora te creo*. En el primer semestre del 2018 me llegó un *e-mail* de la Fundación Gabo para participar en un taller impartido por el maestro escritor Martín Caparrós. Apliqué con el texto de lo ya escrito y fui aceptada. Invertí mi último dinero en el pasaje aéreo de Virginia a Argentina, pero antes recibí el diagnóstico de que tenía cáncer en la mama izquierda y debía, lo antes posible, empezar el tratamiento. Toda mi familia estaba consternada e incluso molesta porque yo me negaba a las quimioterapias y todo lo que vendría después. Hice caso omiso de la gravedad emocional, psíquica y física de la noticia y me fui feliz a Buenos Aires con mi querido hermano mayor. Conocí excelentes personas y grandes profesionales. El primer día en Buenos Aires nos recibió con un paro en pro del aborto. No se podían tomar taxis y solo había buses para llegar al hotel. Al día siguiente, mi hermano me dijo en tono confesional que iríamos a un concierto de Fito Páez invitados por Cristian Alarcón, gran periodista chileno que en el 2022 ganó el Premio Alfaguara de Novela. La explosión de alegría de ese agosto de 2018 era un ataque de pánico, pero al revés.

Circo Beat
Circo Beat
Todo el mundo juega aquí
en el Circo Beat

Cristian nos recogió alrededor de las siete de la noche y partimos a nuestra aventura. Fito nos recibió con lo alegre y lo amoroso que suele ser en el escenario. Estuvimos en su camerino y nos presentó a su joven novia, de la que parecía sentirse muy orgulloso. También conocimos a los músicos y mi mente estaba a mil, qué decir del corazón. ¿Cómo decirle que tengo un guion esperando para ser filmado con su música? ¿O será que mi hermano le dijo a Cristian que me llevara a ver a Fito en caso de morir, como por si acaso? Todo era caos de misterio, amor, pero jamás soledad.

Circo Beat
Circo Beat
Rayos y culebras
en el Circo Beat

Después del protocolo la mánager de Fito y amiga de Cristian nos envió al segundo piso, donde estuvimos gozando en exclusiva, de lujo. Decidimos, para celebrar, tomar negronis. Se terminó el concierto y salimos al aire frío de la ciudad. No sé qué pasó después.

Casi todos tendrán su *touch*
de gloria

Llegaremos en *jeep*
Llegaremos a la ciudad

A continuación, recurro a la memoria de mi hermano Jaime para recordar. Él me dice que me senté en un bordillo de la calle y me movía, como mareada. Cristian nos llevó al hotel y amanecí con toda la ropa puesta. Pensé que tenía una gran resaca y seguí yendo al taller. Por la noche salimos a comer y me dice mi hermano que al regreso no paraba de hablar, alterada, no podía dormir, y me oriné en el piso de la habitación. Jaime llamó a mi otro hermano, el médico, para pedirle ayuda de cómo calmarme y hacerme dormir. Nos fuimos a la droguería más cercana para convencerlos a pura labia de que éramos turistas y necesitábamos los medicamentos sin receta, toda una misión de contrabandistas. La situación se fue empeorando y mi hermano mayor finalmente me llevó a la atención de urgencia en una clínica con el seguro de salud de viaje. Nos atendieron, me recetaron unos antipsicóticos y pude dormir hasta embarcarme a Colombia. Antes de viajar ese domingo fuimos a almorzar a un restaurante italiano y a despedirnos de los demás participantes del taller. También recuerdo haber guardado en mi maleta un libro que nos regaló Fito, *La puta diabla*. Intenté leerlo, pero con la belleza de la locura acechando me fue imposible pasar de la segunda página. Tengo pendiente esa tarea.

Un circo vi
Un circo vi

Cuando yo era una pibe
algún circo vi
Bambina Maribel

Jugando con el tiempo, regreso al ahora, julio de 2023. Salí de mi última hospitalización el 15 de mayo. Es la primera vez que estoy tanto tiempo recluida, veinte días. He estado muy disciplinada tomando las pastillas, pero también me siento embotada. He escrito unas cuantas cartas, pero no he podido concentrarme mucho en las pelis que tanto me gusta ver, hasta que me apareció en la pantalla una recomendación para ver la serie del gran Fito Páez, *El amor después del amor*. Como entenderás, Cata, para mí la serie y todo lo relacionado con mi ídolo tienen que ver con el circo y el descubrir su niño interior, del que me enamoré. Comparto totalmente su visión de amor familiar. Como ese amor, solo el que siento por cada uno de mis héroes: Jaime, Mauricio, Beatriz y Hugo; mi padre, madre e hijo son los incondicionales, apagan incendios emocionales, y están siempre presentes y firmes en mi sanación astral.

Conecté con mi ídolo *petit* y entendí por qué el alma colectiva de nuestra generación, llamada tecnopunk con Neptuno en Escorpio, nos une a través de la inigualable fraternidad ligada a la música, la escritura, el teatro, el cine: lo sagrado y espiritual.

Circo Vi
Circo Beat
Bambina Cata

Bambina Maribel
Todo el mundo juega con el
Circo Vi

Abrazo desde y para siempre,

Maribel

～

Hola, Mari:

Ha llegado el momento de publicar este libro. Dejará de ser nuestro para ser propiedad de quien lo lea; por lo pronto, su escritura, como siempre sucede con los libros, me ha dejado palabras nuevas para nombrarme.

Ahora hablo de mi enfermedad mental desde la distancia y la serenidad que me dan los años y la satisfacción de saber que jamás me volví a enloquecer; me he convencido aún más de que las decisiones que he tomado para mantenerme cuerda han sido las acertadas, de que vivo en equilibrio y de que las ideas un poco locas que por ahí se asoman pueden transitar libremente porque las medicinas las detienen, porque mi consciencia las reconoce, porque acepto la ansiedad cuando llega y entiendo que está ahí, que debo hacer ejercicio para calmarla o tomarme un medicamento, y no obligarme a concentrarme ni escribir a la fuerza. Porque me permito estados en los que no siempre estoy con la mente despejada y comprendo que sencillamente es así.

¿Que mi vida sería mejor sin un trastorno bipolar? Para qué la pregunta, lo único cierto es que aceptar la enfermedad desde que me diagnosticaron y jamás preguntarme el porqué para poder decidir qué hacer ha sido lo que me tiene hoy aquí: estable, productiva y amándome.

Seguirán los momentos de miedo e incertidumbre sobre mi estabilidad mental, los días en que no quiero referirme a ella ni mirarla, pero también seguirán todas esas otras cosas de mi vida que hoy la llenan y que me hacen sentir joven cuando ya están próximos los sesenta.

Me he preguntado mucho por la vejez, por el deterioro físico y, por supuesto, por el posible deterioro mental. Le temo mucho, por eso escribo, leo, aprendo sobre cosas nuevas, hago ejercicio, con el fin de proteger mi mente lo más que pueda. A veces quisiera que mi mamá estuviera viva para preguntarle cómo llega la vida con los años, cómo nos acostumbramos a vernos viejos, cómo reconocemos que tal vez ya nuestra mente no es tan rápida, que tal vez la memoria no es la misma y que ahora las rodillas duelen un poco.

Desde antes de la pandemia dejé de pintarme el pelo y me encantan mis canas, pero también sé que por eso me ceden el puesto en el bus, me dejan pasar primero y me preguntan si tengo nietos. Todo sea bienvenido, como lo es también que la escritura se ha hecho libre, que mi voz ya no tiene miedo.

Hace poco me preguntaron en un pódcast por una virtud y por un defecto mío, y la verdad casi no encuentro respuestas, no porque no los tenga, sino porque desde hace un tiempo dejé de verme en blanco y negro, veo quien soy sin juicios y espero que con los años también me vea sin arrepentimientos. ¿Qué de eso que soy es una virtud o un defecto? Ahora me parece innecesario saberlo, porque no me divido, porque no me clasifico y, sobre todo, porque hay muchas cosas muy interesantes por descubrir en la vida afuera de mí misma.

Me siento también tranquila de estar atravesando la menopausia sin una fuerte depresión, porque los psiquiatras me han explicado que durante esta etapa de la vida pueden llegar depresiones muy fuertes. De hecho, tomo un reemplazo hormonal que contribuye a equilibrar mis emociones y a evitar el insomnio, posible detonador de una crisis con esta enfermedad.

Esta ha sido, pues, otra prueba del trastorno bipolar superada, y a esto le sumo las nuevas palabras que me ha dejado este libro: compasión y locura, la locura de haberme embarcado en esta aventura con quien conocí hace muchos años como una mujer que entonces me parecía muy vivida en comparación conmigo, con ideas de mujer adulta, con una independencia que yo aún no tenía y con un mundo totalmente abierto a la sensibilidad y al arte. Una mujer que quería devorarse el mundo, que recordaba sus días en Italia y hablaba de su amor por el teatro.

Hoy, ya las dos hemos recorrido distancias y caminos y nos hemos vuelto a encontrar en estas páginas para saber que la vida nos juntó para mucho más que tomarnos un café y fumarnos un cigarrillo (entonces fumábamos) en la cafetería de la universidad.

Ha sido maravilloso este reencuentro y espero que la vida nos tenga preparadas más sorpresas en las que nuestras miradas y nuestras palabras puedan producir belleza, como la belleza de la locura.

Gracias,

Cata

*

Queridísima Cata:

Celebro y agradezco tu carta de despedida. Casualmente es el Día de los Muertos o de los Ángeles, como siempre me enseñaron de niña:

> Ángeles somos
> Del cielo venimos
> Pidiendo limosna
> Para nosotros mismos.

Recuerdo que en mi infancia, más que el Halloween, se celebraban los santos, ángeles o muertos. El 31 de octubre salíamos a celebrar las brujas. El 1 de noviembre esperábamos a niños de bajos recursos, quienes pasaban a pedir limosna para ellos mismos. Solíamos también ir al cementerio a visitar la tumba de la madre de mi padre y el osario de mi abuelo Orlando, el padre de mi madre.

Hoy supongo es un buen día para terminar este proceso de sanación con la compañía de papá, mi muerto más amado. Desde que empezamos a escribir, hasta ahora me doy cuenta de que me sucedió todo lo imaginable sobre la enfermedad: una hospitalización, que espero sea la última, y el inicio de un tratamiento con un psiquiatra que estimo y con el que hemos creado una conversación sin juicios. He podido encarar la enfermedad a través de los otros que me aman, pero que no entienden del todo lo que sucede en mi mente cuando me estreso, me deprimo, me angustio o salta mi lado maniaco. Las medicinas me están regulando y me he comprometido conmigo misma a no dejar las pastillas; espero que no se vuelvan una adicción. Mi primera hospitalización sucedió cuando dejé la actuación como una profesión. De actriz fui muy feliz y el actuar me dio las herramientas para mantenerme equilibrada, dentro de lo que cabe en la belleza de la locura. El arte era —y es— la mejor terapia, pero no me permitía criar a mi hijo con la rutina y los horarios apropiados.

Esta conversación sobre el trastorno bipolar me ha abierto una visión empática hacia mí misma, al sentido de la maternidad como madre soltera y a lo que verdaderamente significa tener el trastorno bipolar, no ser bipolar. He quedado con más preguntas que respuestas y más compasiva con aquellos que sufrimos de esta enfermedad. Personalmente, no considero que tenga la culpa por tener esta condición, y tampoco tengo la solución a la mano para dejar de hacer lo que me hace feliz, que es escribir hasta las tres de la mañana si mi creatividad así me lo exige o seguir trabajando en el teatro con horarios que van en contra del diario vivir. Mi psiquiatra me dice que no me preocupe, que ya de por sí estoy regulada, y se asombra de ello.

No pedí ayuda antes no porque no quisiera recibirla, sino porque para ese entonces solo pensaba en sacar adelante la educación de mi hijo. Ahora que él ya está hecho y derecho, le pido perdón por no saber cómo explicarle lo que sucedía, por negar mi diagnóstico, quisiera haberle evitado ese sufrimiento. Es lo que más me duele, pero también es cierto que en esos tiempos me sentía sola con la enfermedad, para mí innombrable. Pensaba que, si la aceptaba, perdería mi autoridad como madre, mujer, profesional, que me perdería a mí misma y ese concepto que tengo de comerme el mundo, que aún sigue en mi espíritu de mujer guerrera. Gracias por recordarme esos años de universidad. El cariño no ha cambiado desde que nos conocimos. La amistad, valor tan preciado, se fortalece con la valentía de haber terminado este libro a cuatro manos.

Maribel

Esta obra se terminó de imprimir
en el mes de noviembre de 2024,
en los talleres de Diversidad Gráfica S.A. de C.V.
Ciudad de México